資本主義経済の理論

岡田 和彦 著

時潮社

はじめに

　私たちの経済生活は資本主義の仕組みのなかで営まれている。そこで、自らの生活基盤や経済社会の特質を知るには、資本主義経済の基本的な仕組みや運動のありかたを明らかにする必要がある。それによって、現実に生じるさまざまな社会的、経済的問題やその解決策について考察することができる。

　今日、とくに2008年のサブプライム金融恐慌に端を発する世界恐慌をうけて、世界資本主義は長期不況の深淵で呻吟している。働く人びとや経済的「弱者」は、政治的混沌のなか経済的困難に刻苦している。苛酷な社会状況のなかで、人びとのうちに生きる希望を育み、自ら前進する勇気を呼び戻すには、資本主義経済の基本的な特質を解明することがますます必要になっている。

　本書は、このような現状認識にもとづいて、資本主義経済の基礎理論を入門的な教科書としてまとめたものである。直接には大学生を対象にしているが、今までにない新しい教科書をつくったつもりである。一般の人びとの参加する読書会や研究会でも気軽に利用していただければ、と考えている。

　本書のもとになったのは、ここ10年ほど高崎経済大学経済学部で、主として第1年次、第2年次の学生向けに行ってきた「経済原論B」、「資本主義経済の理論Ⅰ・Ⅱ」の講義である。それは経済学の基礎理論を1年間で講義するもので、最小限必要な内容をなるべく平易に、と説明してきたものである。

　本書が、明日に向かって「生きる」ための一粒の糧となるなら、それは私にとってこのうえない喜びである。

　2011年如月　いまだ厳しい北風の吹きすさぶ武蔵野の茅屋にて

岡田　和彦

本書は、高崎市から平成20年度特別研究奨励金を受給して行った研究の成果の一部である。ここに記して、深甚なる謝意を表すことにしたい。

【 目　　次 】

はじめに

第1講　経済理論で何を学ぶか ……………………………………… 1
　　　1．経済学と資本主義
　　　2．イデオロギーと経済学

第2講　経済学の歴史 ………………………………………………… 4
　　　1．経済学の生誕
　　　2．異なる学派への分化
　　　3．経済学の方法

第3講　商品とは何か ………………………………………………… 11
　　　1．資本主義経済の基本形態
　　　2．商品の2要因
　　　3．貨幣の生成

第4講　貨幣の機能 …………………………………………………… 16
　　　1．価値尺度
　　　2．流通手段
　　　3．富の代表

第5講　資本の運動形式 ……………………………………………… 21
　　　1．商人資本の形式
　　　2．利子付き資本の形式
　　　3．産業資本の形式

第6講　労働＝生産過程 ……………………………………………… 26
　　　1．働くことの意味
　　　2．生産過程
　　　3．剰余労働

| 第7講 | 価値法則 …………………………………………………… | 32 |

　　1．価値と価格の関係
　　2．剰余価値

| 第8講 | 剰余価値の生産 ……………………………………………… | 38 |

　　1．絶対的剰余価値の生産
　　2．相対的剰余価値の生産
　　3．生産方法の発展

| 第9講 | 資本の蓄積と再生産 ………………………………………… | 43 |

　　1．資本の蓄積
　　2．社会的再生産

| 第10講 | 再生産論 ……………………………………………………… | 49 |

　　1．拡大再生産
　　2．再生産論の意義

| 第11講 | 企業の競争と生産価格 ……………………………………… | 54 |

　　1．生産価格の機構
　　2．マルクスの生産価格論

| 第12講 | 生産価格の機構 ……………………………………………… | 60 |

　　1．生産価格と労働価値説
　　2．生産価格への転形

| 第13講 | 資本蓄積と雇用の動態 ……………………………………… | 65 |

　　1．資本構成不変の蓄積
　　2．資本の過剰蓄積
　　3．資本構成高度化的蓄積

| 第14講 | 資本と土地所有 ……………………………………………… | 70 |

　　1．超過利潤の差額地代への転化
　　2．差額地代
　　3．絶対地代

第15講　信用制度 ……………………………………………… 75
　　　　1．商業信用
　　　　2．銀行信用
第16講　銀行と貨幣市場 ………………………………………… 80
　　　　1．市中銀行
　　　　2．中央銀行
　　　　3．利子率と利潤率
第17講　株式資本 ………………………………………………… 85
　　　　1．株式会社
　　　　2．資本市場
　　　　3．資本の究極の展開形態
第18講　景気循環 ………………………………………………… 90
　　　　1．好況期
　　　　2．好況末期
　　　　3．恐慌期
　　　　4．不況期
第19講　長期波動論 ……………………………………………… 96
　　　　1．長期波動
　　　　2．世界資本主義の歴史的発展
　　　　3．景気変動論の意義

資本主義経済の理論

岡田 和彦 著

時 潮 社

第1講　経済理論で何を学ぶか

１．経済学と資本主義

(1) 経済学の目的は何か
○一般的回答：経済生活のうちに生じる諸問題について明らかにし、その
　　　　　　解決策を検討する　⇨　漠然としすぎて意味不明
◇経済学の発達過程でどのように考えられてきたか？

(2) 経済学と資本主義
○経済学は西ヨーロッパにおける資本主義の発達に伴い、16世紀頃から独立
　の一学問として成長を開始した
　　　　⇨ (1)_____
○資本主義社会では経済生活は(2)_____を通じて営まれる
　資本主義経済の発達につれて
　　　　ⓐ経済生活の(3)_____（生産・分配・消費関係）
　　　　　は商品売買を通じて拡大し、複雑化していく
　　　　　　⟹資本主義経済を専門的に研究する学問が要請される
　　　　ⓑ商品取引による経済活動は**経済外的規制**(*)からは相対的に独立して
　　　　　(4)_____を展開する
　　　　　　⟹経済過程を社会生活の他の領域から分離して考察できる
▽**経済学**(*)は資本主義経済を対象とする社会科学として発展してきた

【 経済外的規制 】
　資本主義以前の社会では、人びとの経済生活は共同体による宗教・政治・慣習などといった経済外的規制に従っており、非市場的な経済活動が一般的であった。

【 経済学 】　　　　　　　　　　　　　　　（岩波『現代経済学事典』）
人間生活の基礎である物質的財貨の生産・分配・消費の過程と、それに伴って生じる人間の社会的関係を経済といい、それらの生産関係・分配関係・消費を律する人間の行為や、それらを包摂する社会的関係を分析する学問を経済学という。

２．イデオロギーと経済学

○イデオロギー
　ものごとに対する考えを総体として捉えたもの
　　……歴史的・社会的に制約された観念 ⇔ 社会的意識の総体
経済学の(6)＿＿＿＿＿＿＿＿＿＿＿＿＿＿＿＿
　　……**唯物史観**(*)、史的唯物論、市場原理主義
▽いかなるイデオロギーであれ、特定の経済学の主張の「正しさ」を保証するものではない
　　⇨ 経済学とイデオロギーとりわけ政治的思想との関係を明確化し、両者を峻別する必要が認識されるようになる

【 K.ポランニー『大転換』（1944年）】
○市場経済は、労働も土地も貨幣も市場交換の対象となるような、異常な社会をもたらす
　　……市場経済は人間から人間らしさを奪う
▽「広義の経済」の観点から市場経済を相対化する
　経済システムに固有の(5)＿＿＿＿＿＿＿＿＿＿の３つの形態
　　……「互酬（reciprocity）」「再分配」「交換」
　　⇔ 経済調整メカニズムの視点

【 唯物史観 】　　　　　　（K.マルクス『経済学批判』「序言」1859年）

政治、法律、宗教、哲学などといった社会の「上部構造」やイデオロギーは、それ自体で運動するものではない。それは、社会の土台をなす経済的「下部構造」に対応して形成され、それらによって制約されている。社会の経済的機構は、物質的生産力の発展を動力にしているが、生産力と生産関係との「弁証法」的関係を通じて歴史的に発展してきた。生産諸力の発展にとって生産諸関係が適合的な形態から桎梏へと変わるとき、社会革命の時期が始まる。［……］おおざっぱにいって、経済的社会構成体の発展は、アジア的、古代的、および中世封建的生産様式を経て、近代ブルジョア的生産様式にいたり、そこに敵対的な階級社会の最後の形態を見出す。この社会構成をもって人類の「前史」は終わりを告げる。

▽現実の社会との関連において、経済学のありかたについて真摯に反省することが要請されている

◇問題点をより明確にするため、さらに立ち入って、経済学の歴史を概観することにしよう

【 本講義の参考文献 】

(1) 伊藤誠『資本主義経済の理論』岩波書店、1989年
(2) 日高普『経済原論』有斐閣選書、1983年
(3) 有斐閣『経済辞典』第4版、2002年
(4) 岩波書店『岩波 現代経済学事典』、2004年
(5) 『Q&A 日本経済の基本100』2011年版、日本経済新聞社

第2講　経済学の歴史

１．経済学の生誕

(1) 重商主義（Mercantilism）
　　　　⇨ 16世紀～18世紀半ばに支配的

【 J.スチュアート（1712～80年）『経済学原理』（1767年）】
　　第1篇　人口と農業　／　第2篇　交易と勤労　／
　　第3篇　貨幣と鋳貨　／　第4篇　信用と公債　／
　　第5篇　租税と租税収入の適切な運用
　▽重商主義の集大成　……経済学の全体系を初めて提示した

○重金主義（～17世紀初頭）
　国富の増進　＝　(1)＿＿＿＿＿＿＿＿＿＿＿＿＿＿＿＿＿
　　　貿易商人がより多くの金銀を国家にもたらすことが重要である
○貿易差額主義（17世紀半ば～）
　国富の増進　＝　(2)＿＿＿＿＿＿＿＿＿＿＿＿＿＿＿＿＿
　　　一国の貿易総量と貿易収支の余剰の増大こそが重要である
　▽国富増進の源泉は商品取引で得られる売買差額（＝「譲渡利潤」）にある
　　　　⇨ 理論関心は流通過程にある
○(3)＿＿＿＿＿＿＿＿＿＿＿＿＿＿＿＿＿＿＿＿＿＿
　　　国家による貿易の奨励、国内産業の保護と内外取引の規制、
　　　有効需要創出のための制度的問題
　▽国家による保護主義的政策なしには「商業社会」は需要・供給の不均衡か
　　ら危機に陥らざるをえない
　　　　⇨ 市場経済の不安定性の強調　……資本主義経済の確立以前の時期
　⇨ ケインズ経済学の先駆

(2) 重農主義 (Physiocracy)

> 【 F.ケネー（1694～1774年）『経済表』（1758年）】
> ○社会の再生産と流通の自然的秩序を総括的な表式で解明する
> 　　　「原表」「略表」「範式」　⇔　社会的再生産の認識
> ▽K.マルクスの再生産表式やW.レオンチェフの産業連関表の原点をなす

○3階級(*)モデル
　社会は、農業に従事する(5)＿＿＿＿＿＿＿＿＿＿＿階級、所有階級としての
　地主、商工業に従事する「不生産的階級」、からなる
○農業では剰余としての「純生産物」が生み出される
　土地の生産力による(6)＿＿＿＿＿＿＿＿＿＿＿
　　……工業では剰余生産物は生み出されない
▽剰余生産物の源泉は農業の生産過程にある
　　⇔　理論関心を生産過程に移す
○(7)＿＿＿＿＿＿＿＿＿＿＿主義
　「自然の秩序」を経済生活に実現するのは「自由通商」である
▽重商主義への批判
　国家による保護主義政策は「不自然な」結果を招かざるをえない
　⇨　古典派経済学への橋渡し

> 【 階級 】　　　　　　　　　　　　　　　　（岩波『現代経済学事典』）
> 富の不平等にもとづいて発生する社会構成員の諸集団を階級という。F.ケネーは所得源泉の質的相違にもとづいて、はじめて階級把握を行い、A.スミスはそれを資本家・労働者・地主の3階級として明確化した。またK.マルクスは、資本家と労働者の2大階級の対立が生産手段の所有・非所有によることを明らかにした。

(3) 古典派経済学 (Classical School)

> 【 A.スミス（1723〜90年）『国富論』（1776年）】
> 　　第1篇　労働の生産諸力の改善の諸原因と、労働生産物が人民の諸階級の間に自然に分配される秩序
> 　　第2篇　資財の性質、蓄積および用途
> 　　第3篇　諸国民の間での富裕の進歩の差異
> 　　第4篇　経済学の諸体系
> 　　第5篇　主権者または国家の収入
> 【 D.リカード（1772〜1823年）『経済学および課税の原理』（1817年）】

〇自由主義政策の理論づけ
　市場における個人の利己的行動が、(8)＿＿＿＿＿＿＿＿＿＿＿＿＿＿＿＿
　により、年々の生産と分配を自律的かつ調和的に達成する
〇3階級からなる「商業社会」、「産業社会」
　近代社会は資本家、地主、労働者の3階級から構成される市場経済である
〇(9)＿＿＿＿＿＿＿＿＿＿＿＿＿＿説
　商品の「交換価値」はその生産に投じられる労働量により決定される
　「剰余価値」は全産業で生み出され、その源泉は労働にある
　　……すべての産業の生産過程で生み出される
▽市場経済の有効性を実践的に主張する
　自由主義による(10)＿＿＿＿＿＿＿＿＿＿＿＿＿＿＿＿の実現
　　……自由な市場経済により調和的な経済発展が達成される
　　　　⇨ 自由放任主義、予定調和論
▽セー法則（供給は需要を生む）を採用する
◇剰余価値の発生メカニズム、恐慌や失業問題について解明できなかった
　⇨⇨ 古典派経済学の分解

2．異なる学派への分化

(1) 歴史学派（Historical School）

【 F.リスト（1789～1846年）『経済学の国民的体系』（1841年）】
　　第Ⅰ篇　歴史 ／ 第Ⅱ篇　理論 ／ 第Ⅲ篇　学説 ／
　　第Ⅳ篇　政策
　▽国民的生産力の理論

○古典派経済学への批判
　古典派は先進国イギリスの特殊利害（＝自由貿易）を一般化している
　　　　……国民経済の(11)＿＿＿＿＿＿＿＿＿＿や歴史的特性を無視する
○保護主義の主張
　後進国ドイツでは国民経済の生産力の発展に果たす(12)＿＿＿＿＿＿＿の
　役割は重大である　……産業保護的関税政策による幼稚産業の育成、
　　　　　　　　　　社会政策の拡充、科学技術や教育の振興
▽経済学の一般理論への反発
　経済発展における歴史的・文化的・(13)＿＿＿＿＿＿的要因を重視する
　⇒⇒ 制度派経済学

(2) 新古典派経済学（Neo-Classical School）

【 W.S.ジェヴォンズ（1835～82年）『経済学の理論』（1871年）】
【 C.メンガー（1840～1921年）『国民経済学原理』（1871年）】
【 L.ワルラス（1834～1910年）『純粋経済学要論』（1874～1877年）】
　✧「限界革命」：消費財・生産要素の需要を説明する限界効用理論の提示
　　　　　　　……効用極大化のための限界分析

○古典派からの理論的脱却

  (a) 労働価値説を放棄する、剰余価値の源泉を問わない

  (b) 市場における需要・供給関係の変動をうけて(14)＿＿＿＿＿＿＿＿＿が
    どのように決定されるか、に関心を集中する

  (c) 財に対する消費者＝個人の(15)＿＿＿＿＿＿＿＿＿から出発する
      ……効用の極大化を求めて合理的に行動する個人を想定する
        ⇔ 理論関心を生産過程から流通過程に戻す

▽「希少な」生産資源を用いて生産されたさまざまな財が流通する過程を、
  普遍的な理論モデルものとして扱う
      ⇔ 超歴史的な分析手法

○古典派の経済思想の継承

  資本主義＝「自然的自由の秩序」

    ……市場の(16)＿＿＿＿＿＿＿＿＿作用を絶対視する

  ⇒⇒ ミクロ経済学

(3) ケインズ経済学（Keynesian School）

【 J.M.ケインズ（1883〜1946年）『雇用、利子および貨幣の一般理論』
  （1936年）】 ⇔「ケインズ革命」

○市場経済のもとでは(17)＿＿＿＿＿＿＿＿＿の不足や「非自発的失業」の
  発生は不可避的である ⇔ 市場経済の不安定性の指摘

○マクロ経済の動態を重視する

  国民所得分析を創始した ……景気変動論、経済成長論

▽経済過程への(18)＿＿＿＿＿＿＿＿＿の必要を主張する

    有効需要創出政策、財政政策 ……福祉国家の理論的基礎づけ

    ⇒⇒ マクロ経済学

(4) マルクス経済学 (Marxian Political Economy)

【 K.マルクス（1818～83年）『資本論』第Ⅰ・Ⅱ・Ⅲ巻（1867・1885・
　1894年）】
　　第Ⅰ巻　資本の生産過程　／　第Ⅱ巻　資本の流通過程　／
　　第Ⅲ巻　資本主義的生産の総過程
　▽「経済学批判」

○古典派経済学の労働価値説を継承する
　労働価値説を理論的に確定した
　　　……剰余価値の源泉を理論的に解明した
○歴史的現実を理論的に明らかにする
　　　　←　__(19)_____
　　　　＋　__(20)_____
▽資本主義経済を客観的に分析する
　　　……現実に見られる成果と限界を明らかにする
　　　⇨ 資本主義経済の特殊歴史性を明確化する

◇『資本論』の経済学は経済学の全体系を含むものではない

【 プラン問題 】　　　　　　　　　（『経済学批判要綱』1857～58年）
　○K.マルクスの経済学体系のプラン
　　　Ⅰ　資本　(a)資本一般　(b)競争　(c)信用　(d)株式資本　／
　　　Ⅱ　土地所有　／　Ⅲ　賃労働　／　Ⅳ　国家　／
　　　Ⅴ　外国貿易　／　Ⅵ　世界市場（と恐慌）
　▽資本論との方法論的関係

3．経済学の方法

〇マルクスの経済学
　19世紀半ばまで、とりわけ自由主義段階の世界経済・イギリス経済を研究対象としている
　　……19世紀末に世界経済は構造的に転換する　⇔　歴史的制約
▽マルクス経済学宇野学派の経済学体系
　　　　⇔「三段階論」
　　　　　　……資本主義経済の特質に対応した経済学体系の構成
　①原理論：資本主義経済の仕組みと運動法則を一般的に解明する
　　　　　⇔『資本論』
　②[発展]段階論：資本主義世界経済の歴史的発展について大きく総括する
　③現状分析：世界経済のなかの各国経済について具体的に分析する

【 宇野弘蔵（1897～1977年）】
　『経済原論』上・下、1950・1952年、岩波書店
　　　　（合本改訂版、1977年）
　『経済政策論』1954年、弘文堂（改訂版、1971年）
　『経済学方法論』1962年、東京大学出版会
　『経済原論』1964年、岩波全書
【 伊藤誠（1936年～）】
　『信用と恐慌』東京大学出版会、1973年
　『価値と資本の理論』岩波書店、1981年
　『幻滅の資本主義』大月書店、2006年
　『サブプライムから世界恐慌へ』青土社、2009年

第3講　商品とは何か

１．資本主義経済の基本形態

○資本主義経済 ＝ (1)＿＿＿＿＿＿＿＿＿＿＿＿＿＿＿＿＿＿＿＿＿

　　　商品売買が行なわれる場・空間 ＝ (2)＿＿＿＿＿＿＿＿＿

　人々の経済生活は基本的には商品売買に依存している

　　　……資本主義経済の基本をなす形態 ＝ (3)＿＿＿＿＿＿＿

▽**資本主義**(*)の分析は商品から開始される

【 資本主義 】　　　　　　　　　　　　　　　（岩波『現代経済学事典』）

18世紀末、イギリスに産業革命が起こり、道具に代わって機械を利用し、工場組織をつくり、労働者を雇い入れ、規格化された物を安価で量産し市場に商品として供給するようになると、機械、工場、運転資金などを所有する資本家と、それに雇われる労働者という2つの階級が発生して、それまでの土地所有者とその土地に帰属する農民という封建制経済に代わる経済体制が形成される。これを資本主義という。資本主義は、資本が私有され、利潤追求が経済活動の主要な要因になり、労働市場が生まれ、商品生産が一般化した社会と考えられる。

【 資本主義経済と市場経済 】

○市場経済 ＝ 「商品経済」：経済生活のある部分が商品売買による

　資本主義経済 ⊂ 市場経済

▽市場経済の原理がどこまで支配しているか？

○市場経済（⇐商品売買）は社会と社会の間に発生し発展してきた

　　　⇔ 社会に対する(4)＿＿＿＿＿＿＿＿＿＿＿＿＿

○資本主義以前の社会では、異なる社会の間の経済関係はその社会の構成員
　の間での交易により取り結ばれていた
　　　……社会内部の経済過程を支配する経済外的規制は、諸社会の間の
　　　　　商品取引に直接には及ばない
　　　　　　　⇦ (5)＿＿＿＿＿＿＿＿＿＿＿＿＿＿＿＿＿
▽市場経済が社会内部に浸透していくと、社会秩序は崩壊しかねない
　　　⟹ 反市場経済的な規制が頻繁に行なわれた

【市場経済の制度的要因】
　ⓐ市場経済のルール：形式的には(6)＿＿＿＿＿＿＿＿＿＿＿＿＿＿関係
　ⓑ市場経済の原理：社会内部の秩序とは異質の原理からなる
　　　　　　　⇦ (7)＿＿＿＿＿＿＿＿＿＿

○市場経済が社会内部の経済過程に徐々に浸透していく
　　　→→　社会内部の経済秩序が市場経済の原理に従って編成される
　　　　⇒⇒　市場経済の原理が経済活動全般を支配するようになる
▽資本主義社会では市場経済の原理が経済生活の基本的な構成原理となる
　　　……資本主義の**特殊歴史性**(*)

【 資本主義経済の特殊歴史性 】
　ⓐあるとき生まれた
　ⓑ変容する

【 市場経済の特質 】
　①外来性：社会と社会の間に生まれ、やがて社会の内部に浸透した
　②無政府性：社会内部の原理とは異質の原理による
　③(8)＿＿＿＿＿＿＿＿＿：社会全体を律するものではない

2．商品の2要因

○商品には①使用価値、②価値、の2つの要因があり、前者は財と共通する性質を、後者は財とは異なる性質を表す

(1) 使用価値
○商品は人間のニーズを満たす有用性をもつ　⇔ (9)＿＿＿＿＿＿＿＿＿＿＿(*)
　　……異なる商品は異なる使用価値を持つ
○使用価値の物理的な計測単位
　　商品ごとに歴史的、文化的に決まる　⇔ 度量衡
▽使用価値の(10)＿＿＿＿＿＿＿＿＿＿＿＿＿＿の問題
　　異なる商品の使用価値の大きさの比較は客観的には不可能である
◇使用価値の異なる商品の間の量的比較はどのようにして行われるのか？

【 使用価値 】　　　　　　　　　　　　　　（岩波『現代経済学事典』）

物が人間に対してもつ有用性。限界効用学派の「効用」が、物に対してそれぞれの人が抱く主観的評価であるのに対して、イギリス古典派経済学やマルクスの「使用価値」は、それぞれの物が人間の欲望を満たす客観的な性格を意味する。

---

(2) 価値
○商品は異なる使用価値をもつ別の商品を入手するため交換に出される
　　……財は(11)＿＿＿＿＿＿＿＿＿＿＿＿＿＿＿＿＿と商品の形態をとる
○財であっても商品でないもの
　ⓐ生産にコストがかかっていても、使用価値として役立たないものは
　　「価値」をもたない　‥‥欠陥品、不良品、不用品
　ⓑいくら有用であっても、他の商品と交換されないものは「価値」を
　　もたない　‥‥空気、海水、農家の自家消費用作物、使用中の財

ⓒ自分にとって有用なもの、他人にとって有用でないものは交換に出され
　　　ない　‥‥「価値」をもたない
〇異なる商品の間の交換比率　＝　(12)＿＿＿＿＿＿＿＿＿＿＿＿＿＿
　　　⇨　商品の購買力　＝　(13)＿＿＿＿＿＿＿＿＿＿＿＿＿＿
▽**商品交換**(*)の過程である商品と他の商品との交換を通じて商品の「価値」
　の大きさが探られていく　　⇨　(14)＿＿＿＿＿＿＿＿＿＿＿＿＿＿＿＿

【　商品交換　】

３．貨幣の生成

〇市場経済の発展過程で物々交換から商品と貨幣との交換に進化する

(1) 簡単な価値形態

　　　　　a_1量の商品Ａ　⇒　b_1量の商品Ｂ

　　(⇨ (15)＿＿＿＿＿＿＿＿＿＿＿＿＿＿／⇨ (16)＿＿＿＿＿＿＿＿＿＿)

〇商品Ａの所有者の(17)＿＿＿＿＿＿＿＿＿＿＿＿＿＿
　　取引を申し出た商品Ａの所有者には交換できる保証はない
　　　　……取引の成立は商品Ｂの所有者の意志しだい
◇市場にある商品は一つではないし、人びとのニーズも多様である

(2) 拡大された価値形態

　　　　　a_1量の商品Ａ　⇒　b_1量の商品Ｂ

　　　　　a_2量の商品Ａ　⇒　c_1量の商品Ｃ

　　　　　a_3量の商品Ａ　⇒　d_1量の商品Ｄ

○商品Aの所有者の個人的要請にすぎない

　相手次第の取引であり、商品Aの所有者には交換できる保証はない

◇市場経済の発展に伴い、あらゆる商品の等価物になりうる商品が現れる

(3) 一般的な価値形態

a_1量の商品A　⇒　b_1量の商品B、……、x_1量の商品X

b_2量の商品B　⇒　c_1量の商品C、……、x_2量の商品X

c_2量の商品C　⇒　d_1量の商品D、……、x_3量の商品X

○誰もが交換を求める商品　⇔　**(18)**＿＿＿＿＿＿＿＿＿＿＿＿＿＿＿＿＿

　　……それを入手すれば求めるものが手に入る

⇨⇨　**(19)**＿＿＿＿＿＿＿＿＿＿＿

(4) 貨幣形態（価格形態）

a_1量の商品A　⇒　x_1量の商品X（金 l g・$α$ 円）　⇒　b_1量の商品B

b_2量の商品B　⇒　x_2量の商品X（金 m g・$β$ 円）　⇒　c_1量の商品C

c_2量の商品C　⇒　x_3量の商品X（金 n g・$γ$ 円）　⇒　d_1量の商品D

○貨幣：あらゆる商品所有者から交換を求められる商品

　　　　ⓐ耐久性　／　ⓑ均質性　／

　　　　　ⓒ分割・合一可能性　／　ⓓ携帯性

　　　　⇒⇒　金・銀、紙幣

▽貨幣は市場経済の発展過程で商品のなかから分化し発生した

　　　市場経済の**(20)**＿＿＿＿＿＿＿＿＿＿＿＿＿＿＿の結晶

　　　　⇨　政治的に管理することは本来無理である

【 岩井克人『貨幣論』（1993年）】

「貨幣が貨幣であるのは、それが貨幣であるからなのである。」

▽共同主観性

第4講　貨幣の機能

◇貨幣には①価値尺度、②流通手段、③富の代表、という3つの機能がある

1．価値尺度

○貨幣所有者が貨幣で商品を購買する
　　　　⇔ (1)＿＿＿＿＿＿＿＿＿＿＿＿＿＿＿＿

　貨幣による購買により、商品の**価値**(*)は社会的に承認される

【 価値 】　　　　　　　　　　　　　　　（岩波『現代経済学事典』）

A.スミスは、商品には人々の欲望を満たす使用価値と、他の商品と交換できる交換価値があり、交換価値の正常値を決めるのが、その商品の獲得のために要した平均的な労働量であるとした。イギリス経験論の流れをくむスミスには、価値は不変の尺度であるべきだとの考えがあり、ものの価値を測るのに、短期的には金が安定しており、長期的には穀物が基準になるが、短期・長期を通じて尺度になるのが労働であるとみている。他方、ドイツ的思考に立つK.マルクスには、価値の本質は労働であるという本質・実体論があった。

○貨幣による購買が繰り返される過程で
　ⓐ個々の商品所有者による主観的な価格表示は訂正される
　　　……売れない場合は価格を引き下げ、売れ行きがよい場合は価格を
　　　　引き上げる
　　　⇒⇒　一つの**市場**(*)では同じ商品に同一の価格水準が決まる
　　　　　　⇔ (2)＿＿＿＿＿＿＿＿＿＿＿＿＿＿＿＿
　ⓑ市場価格はある重心に引きつけられるかのように変動する
　　　　　　⇔ (3)＿＿＿＿＿＿＿＿＿＿＿＿＿＿＿＿

┌─────────────────────────────────────┐
│【原論世界の市場】
│　▽原論の対象は世界経済か、一国経済か？
└─────────────────────────────────────┘

▽貨幣は購買手段の機能を通じて、商品の価値を量的に尺度する
　　　　　⇨ (4)_____
　　　　　⇨　商品の供給を需要に連動させる
　市場における価格の変動を通じて商品の需要・供給の調整が行われる
　　　　　⇨ (5)_____(*)
　　　　　……(6)_____

┌─────────────────────────────────────┐
│【 価格調整 】
│　ある商品について
│　　　　　(a) 需要＞供給：市場価格＞基準価格 ─→ 供給⇧
│　⇒⇒　(b) 需要＜供給：市場価格＜基準価格 ─→ 供給⇩
│　⇒⇒　(a) 需要＞供給：市場価格＞基準価格 ─→ 供給⇧
│　⇒⇒　(b) ……
│　　⇨　供給が需要に連動する
│　　　　……市場価格が基準価格に引きつけられる
└─────────────────────────────────────┘

◇価格は日常的にはさほど変化しない
　　　……市場における価格調整は中・長期的なもの

┌─────────────────────────────────────┐
│【 2つの調整機構 】
│　①価格調整：市場における商品の需要・供給関係の変動をうけて、
│　　　　　　商品価格が変化する
│　②(7)_____
│　　　……定価販売、在庫による供給量の調整
└─────────────────────────────────────┘

２．流通手段

【 商品交換 】 =復習=

○商品C_1の所有者が商品C_1を売り、入手した貨幣で商品C_2を買う
▽貨幣は自分の商品と他人の商品とを交換する手段として機能する
　　　　　⇨ (8)＿＿＿＿＿＿＿＿＿＿＿＿＿＿＿
○商品交換の展開過程で、交換手段としての貨幣を媒介にして社会的ネットワークが形成される　⇨ (9)＿＿＿＿＿＿＿＿＿＿＿＿＿(*)
　　　……　商品流通の行われる場・空間 ＝ (10)＿＿＿＿＿＿

【 商品流通 】

　　　　　　　　　　　[市　場]
　　　　　　　　　　　　　⇩
　　　　　　　　C_0 ⇒ M ⇒ C_1
（生　産）　　　　　　　⇩　　　　　　　（消　費）
　　　　　　　　C_1 ⇒ M ⇒ C_2
　　　　　　　　　　　　　⇩
　　　　　　　　C_2 ⇒ M ⇒ C_3
　　　　　　　　　　　　　⇩

▽貨幣は購買を繰り返しながら商品流通を媒介する
　　　　　⇨ (11)＿＿＿＿＿＿＿＿＿＿＿＿＿
　貨幣自身も持ち手を次々にかえて流通する
　　　　　⇨ (12)＿＿＿＿＿＿＿＿＿：純度と重量を保証された鋳貨となる

○市場経済の発展に伴い
　　ⓐ貨幣鋳造の費用を節約したり、
　　ⓑ小額支払いの便宜をはかる必要が生じる
　⇒　ⓐ銀行券、政府紙幣　⇔ (13)＿＿＿＿＿＿＿＿＿＿＿＿
　　　ⓑ銀貨、銅貨、アルミ貨　⇔ (14)＿＿＿＿＿＿＿＿＿＿＿＿

【 貨幣数量説 】
○通貨供給量（貨幣数量）の変化が商品の価格水準の変化を決定する

　⇒⇒　通貨供給量の厳格な規制が必要である

3．富の代表

①商品C_1の所有者が、自分の商品C_1を売って入手した貨幣Mを、ただちに
　商品C_2の購入に支出しないで蓄蔵する　⇔ (15)＿＿＿＿＿＿＿＿＿＿＿＿
▽**貯蓄**(*)された貨幣
　〔個別的〕将来の不測の事態に対する備え　⇔ (16)＿＿＿＿＿＿＿＿＿＿＿＿
　〔社会的〕市場における必要通貨量の変動に対する予備

【 貯蓄の機能 】
○通貨供給量が増えても、それだけ需要が増えるとは限らない
　　……全ての貨幣が購買に向かうわけではない
▽さしあたり不要な通貨は市場から引き上げられる

②　A：商品C_2を購入したいと希望しているが十分な貨幣を持たない
　　B：商品C_2の所有者、準備金を保有しAの支払いを一定期間猶予できる

Bが商品C₂を、Aの支払い約束によりAに引き渡す
　　Aは自分の商品C₁を販売して支払いのための貨幣を準備し、この貨幣が
　　約束の期日にBに支払われる　⇦ (17)＿＿＿＿＿＿＿＿＿＿＿＿＿
▽支払い手段としての貨幣
　　個々の商品売買を促進しながら、商品流通を円滑にする
　　　　……市場は拡大、深化していく

③貨幣が支払い手段として取引の決済に使用される
　　　……(18)＿＿＿＿＿＿＿＿＿＿＿＿＿＿＿＿として社会的に認められている
▽富の代表としての貨幣
　　異なる市場の間で通用するようになると　⇦ (19)＿＿＿＿＿＿＿＿＿
　　　　……金、銀、(20)＿＿＿＿＿＿＿＿＿

【 インフレーション（典型的な説明）】

　　　　　紙幣の過剰発行　──→　紙幣の価値↓　⇒　物価↑

具体例

◇デフレーション：この逆の関係

- 20 -

第5講　資本の運動形式

○貨幣が貨幣（＝富としての貨幣）を増殖するために使用される
　　⟹ 貨幣は(1)＿＿＿＿＿＿＿(*)に転化する

【 資本 】　　　　　　　　　　　　　　　　（岩波『現代経済学事典』）
資本は一般的には、私的に所有され、利潤を求めて投下されている富の総体、ということができる。それは貨幣の形態をとる（＝「貨幣資本」）ことも、機械、工場設備、在庫、商品の形をとる（＝「実物資本」または「資本財」）こともある。

◇資本の運動のありかたとして①商人資本、②利子付き資本、③産業資本、の3つの運動形式がある

１．商人資本の形式

○商人資本
　商品をより安く買いより高く売る
　　　⟶ 売買差額を「利潤」として獲得する

　　(2)＿＿＿＿＿＿＿＿＿＿＿＿＿＿＿＿＿＿＿＿＿＿＿

○利潤（ΔM）の獲得方法
　①異なる市場の間の空間的な(3)＿＿＿＿＿＿＿＿＿＿＿を利用する
　②市場における時間的な(4)＿＿＿＿＿＿＿＿＿＿＿＿を利用する
　③自らの有利な立場を利用して、商品をより安く買いより高く売る
　　　　ⓐ貨幣所有者は商品所有者に対して優位にある
　　　　ⓑプロの商人はさまざまな様々な事情に精通している

〇企業は価値増殖の効率を比較しながらより多くの利潤の獲得を目指す

　　価値増殖の効率の指標

　　　　①利潤率 ＝ (5)＿＿＿＿＿＿＿＿＿＿＿＿＿＿ × 100（％）

　　　②資本の回転速度(*)

　　　　(6)＿＿＿＿＿＿＿＿＿＿＿＿＿＿＿＿＿＿＿＿＿＿＿

　　　⟹ 年利潤率 ＝ 利潤率 × 資本の回転速度

【 資本の回転速度 】

一般に M…→M' で表される期首の投資から期末の資本回収までの期間を「資本の回転期間」という。商人資本の場合、商品の購入から販売までにかかる期間が「資本の回転期間」となる。

資本の回転期間を x カ月とすると、資本の回転速度は、

▽商人資本は、市場における商品の価格差を与えられた条件として利用して利潤を獲得する

　　……活動の結果は個々の商人の思惑・判断に依存する

　　　　⇔ 利潤獲得の(7)＿＿＿＿＿＿＿＿＿＿＿＿＿＿＿＿

　　　　　⟹資本としていまだ確立していない

２．利子付き資本の形式

〇商人が自己資本の規模を越えて商品取引を拡大しようとして、貨幣所有者から貨幣を借りる

　　……貨幣の利用から得られる追加的利潤の一部、を「利子」として貨幣の貸し手に支払う　⇔ 一定期間の貨幣の利用料

○利子付き資本（＝利子生み資本）

　貨幣を一定期間貸し付け、その利用料として利子を得て貨幣を増殖する

$$利子率 = \frac{(8)\underline{\qquad\qquad\qquad\qquad}}{(9)\underline{\qquad\qquad\qquad\qquad}} \times 100（\%）$$

○貨幣の貸付が一般化するにつれて

　一つの市場では利子率の一般的水準が形成されるようになる

　　　⇦ (10)＿＿＿＿＿＿＿＿＿＿＿＿＿＿＿

　一般的利子率は資本の運動の評価基準になる

　　　……企業は、投資で得られると期待される利潤率を一般的利子率と

　　　　比較して、投資先を決定する

▽利子付き資本

　ⓐ利子率の(11)＿＿＿＿＿＿＿＿＿＿＿＿

　　……商人資本の価値増殖の不確実性を一応克服している

　ⓑ資本の運動の内部に価値増殖の根拠をもたない

　　……(12)＿＿＿＿＿＿＿＿＿＿＿＿＿＿＿の活動を前提する

　　　⟹資本としていまだ確立していない

3．産業資本の形式

【 生産過程 】

○生産の2要因

　①生産手段：

　②労働力：

○市場経済の発達に伴い、貨幣による生産物の売買が一般化する
　　　⇨　生産物の(13)＿＿＿＿＿＿＿＿＿＿＿＿＿＿＿
◇労働力は商品化したのか？
○労働のありかた
　資本主義以前：封建制社会　……社会の基本的な生産者＝農民
　　　ⓐ農民は領主に人格的に隷属している
　　　　　⟶　自らの労働力を自由に処理できない
　　　ⓑ農民は土地の使用権を伝統的に保証されていた
　　　　　⇨　(14)＿＿＿＿＿＿＿＿＿＿＿＿＿＿＿＿＿＿
　　　　　⟶　生計を立てることができた
○封建領主による(15)＿＿＿＿＿＿＿＿＿＿＿＿＿＿＿＿＿＿(*)
　農民からの土地収奪　⇨　土地の(16)＿＿＿＿＿＿＿＿＿＿＿＿の確立
　　　ⓐ農民は身分的隷属から解放された
　　　　　⟶　自らの労働力を自由に処分できる
　　　ⓑ労働するための生産手段を失う
　　　　　⟶　労働力を売る以外に生計の方法がない

【　土地の囲い込み（enclosure）　】

15世紀末の「地理上の発見」以来、ヨーロッパ最大の輸出品は毛織物であり、イギリスは羊毛の一大産地であった。牧羊業は高利潤をもたらした。そこで、領主は農民を土地から追い出して農地を囲い込み、牧場にした。この「土地の囲い込み」は15世紀末に始まり、16世紀初めに急速に拡大したが、その後も断続的に行われた。16世紀の「第一次囲い込み」では、領主の横暴を国王が抑制しようとした。トマス・モアは農民の悲惨な状況をみて、「羊が人間を喰い殺す」と批判した。18世紀の「第二次囲い込み」では、議会が立法により農民を追い出し、小麦生産のための大農場を形成するようになる。「土地の囲い込み」は19世紀初めまで続いた。

○労働者は自らの労働力を売り、生計費として賃金を獲得する
　　　⇔ 賃金労働者　……(17)　　　　　　　　　　　　　　　　
▽生産物や生産手段だけでなく労働力までも商品化した
　　　⇒商品を用いて生産が行なわれる　……資本主義経済の成立
　　　　　⇔ (18)　　　　　　　　　　　　　　　　
○産業資本

　購入した商品を用いて新たに商品を生産し、それを市場で販売して貨幣を増殖する

(19)　　　　　　　　　　　　　　　　　　　　　　　　　　　
▽産業資本は生産過程で価値増殖する
　　　⇒資本は自らの運動の内部に価値増殖の根拠を持つ
　　　　　⇨ (20)　　　　　　　　　　　　　　　　　として確立する

【 資本の本源的蓄積 】

　「土地の囲い込み」により大多数の農民は土地から追い出された。一方では土地が少数者の手に集中され、他方では雇われるほかに生きる手段のない「無産者（プロレタリアート）」が大量に生み出された。無産者たちは雇い主の意志に従って労働する習慣を持たず、たいていは浮浪者となった。国王は彼らに対して、鞭打ち、拘禁、奴隷化、焼き印、死刑など「血の立法」による取締りを行なった。無産者たちはこうして近代的な賃金労働者となるための訓練を受けたのである。「土地の囲い込み」に始まるこのような暴力的な過程は、投下されるべき資本と雇用されるべき賃金労働者の形成を通じて、資本主義成立のための準備段階をなす。K.マルクスはこれを「資本の本源的蓄積」とよび、確立した資本主義経済の成長過程である「資本の蓄積」と峻別して、批判的に考察した。

第6講　労働＝生産過程

○社会の経済生活を維持するための必要条件は何か

　生産による需要の充足　……社会が存続するために満たすべき条件
　　　　　　　　　　⇨ (1)＿＿＿＿＿＿＿＿＿＿＿＿＿

資本主義のもとでは経済原則は市場を通じて充足される
　　　……特定の経済システムのもとで経済原則が充足される機構
　　　　　　⇨ (2)＿＿＿＿＿＿＿＿＿＿＿＿＿

◇まず、あらゆる経済システムに共通する経済原則についてみよう

1．働くことの意味

○労働： (3)＿＿＿＿＿＿＿＿＿＿＿＿＿＿＿＿＿＿＿＿＿＿

　人間が自分と自然との物質代謝を制御する
　　　……自然に働きかけながら自分の能力を開花させ発達させる

　労働　⇒　ⓐ経済生活の充足
　　　　　　ⓑ (4)＿＿＿＿＿＿＿＿＿＿＿＿＿＿＿の達成

▽失業問題の深刻さ

　生計を得る手段を奪われるだけでなく、人間的成長の機会をも奪われる
　　　……**ニート**(*)

【　ニート（NEET）　】

1999年にイギリス政府が労働政策上の人口分類の一グループとして定義した用語で「Not in Education, Employment or Training」の略。日本では2004年労働白書で「15～34歳の若年者のうち労働者・失業者・主婦・学生のいずれにも該当しない若年無業者」＝「主婦と学生を除く非労働力人口」と定義された人を、玄田有史が「ニート」と名付けた。

　　　　　　　　　　　　（玄田有史ほか『ニート』幻冬舎、2004年）

玄田によると、日本の民間企業では中高年の雇用を守るために若年層の雇用が抑制されている。2005年の内閣府統計ではニートは1995年の67万人から85万人に増加し、2010年には98万人にのぼると推定されている。ニートの増加は就職の困難な状況と関係が深いが、むしろ個人の資質の問題として議論されがちで、そのための対策も教育的手法に重点がおかれてきた。また、「ニート=怠け者」との偏見から雇用に際して差別的待遇がなされる事例が増えている。

○人間労働の特性
(1)目的意識的行動

人間労働の2つの側面：(5)＿＿＿＿＿＿＿＿＿＿＿＿＿＿＿

　　ⓐ構想：目標を設定し、それを達成する方法を考える
　　ⓑ実行：構想を実現すべく行動する

構想と実行の(6)＿＿＿＿＿＿＿＿＿＿＿＿＿＿＿＿＿

　　……ある人が設定した構想を別の人が実行する
　　　　⇒⇒頭脳労働と肉体労働

【 ミツバチの活動 】
ミツバチやクモはきわめて精巧な巣をつくるが、その活動は人間労働とは異なり、遺伝子情報にもとづく本能的行動であるといわれる。
▽人間労働の本能的領域

(2)人間労働の多様性

人間は本来、さまざまな労働を行なう能力を持つ

　　⟹社会生活の維持のため、人間はさまざまな産業・職種の労働に従事している　⇔(7)＿＿＿＿＿＿＿＿＿＿＿＿＿＿＿

　　　　　　　　⇔ 作業場内**分業**(*)

- 27 -

【 分業（division of labour）】　　　　　　（岩波『現代経済学事典』）
最終生産物の生産過程をいくつかの段階に分け、複数の労働者が異なる作業を専門的に分担する方式。作業場内分業は、すべての段階を単独の労働者が担当するよりも、作業への習熟、用具の発達、作業の転換に要する時間の節約などの面から、労働の生産力を上昇させる。分業のもたらす生産力の上昇効果に着目したのは、A.スミスである。彼は分業の発達を、市場の拡大がもたらす自然な帰結であると考えた。［……］他の生産過程の生産物を生産手段として利用しあう関係を通じて、生産過程は相互に連鎖し、経済全体は複雑で有機的な社会的分業を構成している。資本主義のもとでは、作業場内分業が資本によって事前に組織され専制的にコントロールされているのに対して、社会的分業は個別資本の無政府的な競争を通じて事後的に調整されている。K.マルクスは分業編成のこのような二元性を、資本主義の特徴として強調した。

２．生産過程

(1) 生産過程

【 生産過程 】　＝復習＝

○社会的分業　⇔　社会的ネットワークの視点
　　それぞれの生産過程では別の生産過程の生産物が利用される

▽生産物　⇔　用途に応じて区別

　①別の生産過程で生産的に消費される　⇔ (8)＿＿＿＿＿＿＿＿＿＿＿

　②日常生活の中で個人的に消費される　⇔ (9)＿＿＿＿＿＿＿＿＿＿＿

(2) 労働の量的規定性

○社会的分業　⇔　労働時間の視点

　　　社会の総労働時間が各産業・各職種に配分されている

　　　人間は多様な仕事を行なうことができる

　　　　⇒人間労働の(10)＿＿＿＿＿＿＿＿＿＿

　　　　　⇨ あらゆる人・職の労働量は労働時間で統一的に計測できる

○生産物に含まれる労働

　①生産手段を生産するため、別の生産過程で投じられた労働

　　　⇔ (11)＿＿＿＿＿＿＿＿＿＿＿＿＿＿＿＿

　②当該の生産過程で投じられる労働　⇔ (12)＿＿＿＿＿＿＿＿＿＿＿

▽生産過程において、生きた労働は生産手段に含まれる過去の労働時間を

　新たな生産物に移転しながら、自らの労働時間を新たに遂行された労働

　時間として新たな生産物に付加する

　　　……生産過程の主体は人間労働である

3．剰余労働

(1) 必要労働と剰余労働

○人間は作業方法の改良により労働の効率を向上できる

　(13)＿＿＿＿＿＿＿＿＿＿＿＿＿＿＿＿＿＿＿＿＿(*)

　　　……生産物1単位当たりの生産に必要な労働時間の短縮

　　　⇒⇒自らの生活維持に必要な量以上の生産物を生産してきた

　　　　⇔ (14)＿＿＿＿＿＿＿＿＿＿＿＿＿＿＿(*)

【 労働生産性の向上 】

【 剰余生産物 】

〇年間の総生産物
　①その年に使用され消費された生産手段　……過去の労働を含む
　②その年に新たに生み出された生産物部分　……生きた労働による
　　　⇨ (15)　　　　　　　　　　　　　　　
　　　　⇨ GDP（国内総生産）＝付加価値(*)総額

【 付加価値（value added）】
付加価値とは、あるものがもつ価値とそれを生み出す元になったものの価値との差額。一般に、新しいものを生み出すと、元のものよりも高い価値をもつことになる。この価値の増殖部分が「付加価値」と呼ばれる。付加価値という語は分野によってさまざまな意味で用いられているが、経済学では、生産・サービス活動により新たに生み出された価値額を指す。産出額から原材料費などの中間投入分を差し引いたもの、つまり生産物の金額からその生産のために購入して消費した財・サービスの金額を差し引いた金額が、付加価値の大きさとなる。一定期間のすべての付加価値額を一国全体で加えると、GDP（国内総生産）になる。

○純生産物
　①労働者の生活維持に必要な1セットの生産物
　　　　⇔ (16)＿＿＿＿＿＿＿＿＿＿＿＿＿＿＿＿＿＿＿＿
　　　　　　　……その範囲や量は社会の文化や慣習により決まる
　②剰余生産物　＝　純生産物　－　必要生活手段
▽純生産物を生産する労働
　①必要生活手段の生産に投じられた労働
　　　　⇔ (17)＿＿＿＿＿＿＿＿＿＿＿＿＿＿＿
　　必要労働時間：生活水準と現行の生産技術から決まる
　②必要労働を越える労働　⇔ (18)＿＿＿＿＿＿＿＿＿＿＿＿＿＿
　　剰余労働時間　＝　総労働時間　－　必要労働時間

(2) 社会的再生産
○社会にとって必要な生産物は年々生産される
　　　　⇔ (19)＿＿＿＿＿＿＿＿＿＿＿＿＿＿＿＿＿＿＿＿
　　　　　　　……社会のニーズを満たすために生産が繰り返される
○社会的再生産の条件
　その時々の生産技術を前提に、生産の2要因を再生産する
　　　　ⓐ生産手段の再生産　……生産的に消費された生産手段を補填する
　　　　ⓑ労働力の再生産　……労働者自身が労働力を回復し維持する
　　　　　　← 必要生活手段の個人的消費
　　　　　　　⇐　(20)＿＿＿＿＿＿＿＿＿＿＿＿＿＿＿＿＿の再生産
　　⇒社会的再生産の遂行
　　　⇨ 経済成長の達成

◇このような経済原則は資本主義経済のもとではどのようにして充足されているのか？

第7講　価値法則

○資本主義経済のもとでは、企業による経済活動は商品の生産から販売に
　いたるまで、より大きな利潤を獲得するために行なわれる
　　　　　⇦ (1)_____　……企業の行動原理
　　　⟹　社会的再生産がこの原理に則して遂行される
　　　　　……(2)_____　⇦ 資本主義の経済法則
◇いかなる経済システムにおいても充足されるべき経済原則が、資本主義経済の
　もとではどのようにして満たされているのか？価値法則についてみよう

1．価値と価格の関係

(1) 商品の価値関係

┌─────────────────────────────┐
│【 産業資本の運動形式 】　=復習=
│
│
│
│
│
└─────────────────────────────┘

○企業は、生産手段と労働力を商品として市場で購入し、社会の経済生活の
　維持に必要な生産手段・消費手段を商品として再生産し、市場で販売する
○市場では諸商品の相互関係は価格関係として表現される
　　商品の価格は、その再生産に一般に必要な労働時間により規定される
　　　　⇦ (3)_____
　諸商品の価値関係は、各商品の生産に投じられた労働量の相対関係を示す
　　　……その労働量は当該時期の生産技術から決まる

○労働価値説にもとづく(4)＿＿＿＿＿＿＿＿＿＿＿＿＿

　①商品の価値の大きさがその生産に必要な労働量により決定される

　②この価値の大きさが、商品の市場価格の基準を規制する

　③この価格での商品売買を通じて(5)＿＿＿＿＿＿＿＿＿＿＿＿＿が再編される

【 価値法則による調整メカニズム 】

　商品の売買を通じて：需要・供給関係の変動 → 価格の変動

　　　　　⟶ 商品の需給調整

　　　　　⟹ 諸産業間での投資の再配分

　　　　　……資源・労働の再配分

　　　　　⇒ 社会的分業の再編

(2) 価値による価格の規制

○商品の価値構成　⇔ 再生産との関連で

　生産された商品の価値は3つの部分から構成される

　　　　①生産手段の購入に投じられる資本

　　　　　　　⇔ (6)＿＿＿＿＿＿＿＿＿＿＿＿＿

　　　　　……価値の大きさは不変のまま新たな生産物に移転される

　　　　②労働力の購入に投じられる資本

　　　　　　　⇔ (7)＿＿＿＿＿＿＿＿＿＿＿＿＿

　　　　　……価値の大きさは労働により維持・増殖される

　　　　③可変資本の増殖分　⇔ (8)＿＿＿＿＿＿＿＿＿＿＿＿＿

【 投入・産出関係 】

○商品の再生産の条件
　①生産手段（c）部分と労働力（v）部分を補填しなければならない
　　……生産された商品の販売によりコストとして回収される
　　　　⇦ (9)＿＿＿＿＿＿＿＿＿＿＿＿＿＿＿＿＿
　②剰余価値（s）部分は必ずしも補填される必要はない
　　……個人的に消費しても商品の再生産を継続できる
　　　　⇦ (10)＿＿＿＿＿＿＿＿＿＿＿＿＿＿＿＿＿

【 等価交換？ 】

　商品A＝c＋v＋s（価値）＝50＋30＋20（労働時間）

　労働1時間　⇒　1000円（価格）

①不変資本と可変資本（c＋v）部分について

②剰余価値（s）部分について

▽(11)＿＿＿＿＿＿＿＿＿＿＿＿＿＿＿＿＿
　　……市場経済のもとでは「等価交換」はありえない

▽商品の市場価格は、基本的にはその価値の大きさ（＝投下労働量）により規定されるが、剰余価値（s）の処理の自由度を伴いながら、中・長期的には可変資本（c）と不変資本（v）の補填を可能にする水準を中心に変動する傾向がある　⇨　基準価格

(3) 労働力商品の価値
○労働力は商品として扱われても、労働の生産物ではない

　　労働力の再生産(*)は(12)＿＿＿＿＿＿＿＿＿＿＿＿＿＿＿＿＿＿＿＿を意味する
　　　　……市場で購入した商品の個人的消費を通じて行われる

○労働力商品の価値
　　必要生活手段（＝労働力の再生産に必要な1セットの生活必需品）の生産に投じられた労働量（＝必要労働時間）により規定される

　　　　労働力商品の価格（＝(13)＿＿＿＿＿＿）≧　必要生活手段の価格
　　　　　　⇨　賃金の(14)＿＿＿＿＿＿＿＿＿＿＿＿＿＿
　　　　　　　　……労働力の再生産を保証する

【　労働力の再生産　】　⇨　2つの側面
　①労働者本人　……個人の労働力の回復、維持
　②労働者の家族　……世代を越えた労働人口の維持
▽経済過程における家庭の意味

2．剰余価値

◇利潤（ΔM）はいかにして生じるのか？
　　生産過程で剰余価値（s）はいかにして生じるのか、みていこう

【 市場における売買 】

商品の買い手は、商品の(15)_____に対して価格を支払い、
商品の(16)_____を取得する
　……自らのものとして自由に処分できる ⇔ 市場経済のルール

（1）剰余価値の生産

①一般商品

　　商品の価値 ＝ 不変資本（c）＋可変資本（v）＋剰余価値（s）
　　＜投入物＞　　生産手段　　　　　　　　労　働　力
　　　　　　　　　　　⇧　　　　　　　　　　⇧
　　＜労　働＞　　過去の労働　　　　　　　生きた労働
　　　　　　　　　　　　　　　　　　必要労働　　剰余労働

　商品の生産に投じられた生産要素 ＝ 生産手段 ＋ 労働力
　商品の生産に投じられた労働 　　 ＝ 過去の労働 ＋ 生きた労働
　　過去の労働時間 ＝ 生産手段の生産に投じられた労働時間
　　生きた労働時間 ＝ この生産過程で直接投じられた労働時間
　　　　　　　　　 ＝ 必要労働時間 ＋ 剰余労働時間

②労働力商品

　　労働力の価値 ＝ 必要生活手段の価値
　　　　　　　　 ＝ 必要労働時間
　　　　　　　　　（⇔ 必要生活手段の生産に必要な労働時間）
　　労働力の使用価値 ＝ 生産過程での労働（⇔ 生きた労働）
　　　　　　　　　　 ＝ 必要労働　　＋　剰余労働
　　　　労働時間 ＝ 必要労働時間　＋　剰余労働時間
　　　　　　　（⇔ 労働力の価値／賃金）（⇔ 剰余価値／利潤）

▽労働者は（v）分を賃金として受け取り、（v＋s）分の労働を行なう
　　　⇒　(17)_____を生み出す
◇剰余価値（s）はどのように処分されるのか？

(2) 剰余価値の取得関係
○企業は労働者に(18)_____（⇔労働力の価値）を支払い、
　(19)_____（⇔労働力の使用価値）を取得する
　　　生産の成果は企業のもの
　　　　……剰余価値を(20)_____として獲得する
▽資本は生産過程を通じて価値増殖する
　　　　⇨　資本として確立する　⇔　「自ら増殖する価値の運動体」

【 搾取 】　　　　　　　　　　　　　　　（岩波『現代経済学事典』）

生産手段の所有者と非所有者が存在する階級社会において、生産手段の所有者が、生産手段の非所有者である労働者の剰余労働の成果である剰余生産物を取得することを、搾取という。人間の生存と社会の存続を支える富が、人間の労働によってのみ獲得されるとすれば、生産手段を所有していても生産に直接従事しない者が富を取得することは、たとえそれが社会の支配的な観念やイデオロギーによって正当化されているとしても、他人の労働やその成果を無償で自分のものにすることを意味し、不労所得の取得ということになる。［……］資本主義経済のもとでの資本家と賃金労働者との生産関係にも、階級社会としての搾取関係が貫かれているのである。

【 搾取と収奪 】
　　搾取：ある経済システムに固有の基本的な生産関係を通じて
　　収奪：政治的・社会的な要因を利用した経済外的強制
　▽常態としての経済関係によるのか、否か？

第8講　剰余価値の生産

○資本主義経済のもとでは企業活動の動機はより多くの利潤の獲得にある
　……生産過程では財の生産の目的はより多くの剰余価値（s）の生産にある
◇剰余価値の生産を増大させる方法とはどのようなものか？

1．絶対的剰余価値の生産

○剰余価値の生産増大の素朴な方法
　　労働時間の実質的延長　⇨ (1)_____ (*)

【　絶対的剰余価値の生産　】

○絶対的剰余価値の生産の具体的な方法
　　ⓐ労働時間の延長
　　ⓑ労働の強度の引上げ　……同一時間内により多く生産させる
　　⇒　労働者は肉体的・精神的に過度に消耗する
　　　　⇨ (2)_____ が困難になる
　　　　　……社会問題化する
▽この問題を解決できなければ、資本主義は社会経済システムとして存続できない

◇こうした事態への企業の対応はいかなるものか？

２．相対的剰余価値の生産

(1) 労働生産性の向上
○科学技術の発達に伴い、新たな生産方法が導入されてきた
　　　……生産効率のより高い機械を導入する
　　　　　　⇦ (3)_____(*)
　⇒労働生産性の向上
　　　　労働1時間当りの生産物量 (4)_____
　　　……生産物1単位の生産に必要な労働時間 (5)_____
　⇨商品1単位当たりの価値 (6)_____

【 技術革新 】　　　　　　　　　　　　　（岩波『現代経済学事典』）

技術改良により、単に労働者1人当たりの生産量が増加するだけではなく、技術、経営システムに大規模な質的変化が起こること。その典型的な例は第2次世界大戦後の科学産業革命であり、オートメーション、原子力利用、エレクトロニクス、プラスチックをはじめとする新素材の登場と、それによる新製品、新販路の拡大である。技術革新が経済発展の機動力となる点を強調したのはJ.A.シュンペーター（『経済発展の理論』1912年）である。シュンペーターは、生産要素の結合のありかたを変え、新技術の導入のみならず、新製品、新市場を生み出すような企業家行動をInnovation（新機軸）とよび、それらは非連続的、集団的に現れると述べた。

○生産の内包的・質的な深化
　　新たな生産方法の利用による労働の効率化により、剰余価値の生産が増進される　⇦ (7)_____(*)

【 相対的剰余価値の生産 】

○必要労働時間の短縮

　必要生活手段の生産に必要な労働時間を短縮する

　　　⟵　(8)_____での生産性の向上

　　　　⇐　その諸産業に生産手段を供給する産業での生産性の向上

(2) 超過利潤

○個別企業における生産方法の改良

　ある産業である時期に支配的な生産技術は確定する

　　　……商品の市場価格の水準も確定する

　ある企業が例外的に優れた生産技術を導入する

　　　⟶　商品1単位の生産に必要な労働時間が短縮される

　こうして生産された商品を市場価格で販売できる

　　　⟹　より大きな利潤を獲得する　⇔　(9)_____(*)

○市場における自由競争により

　　　ⓐ超過利潤の獲得を目指す　⇔　利潤原理

　　　ⓑ低価格の追求による生き残りをかける　⇔　価格競争

　　　⇒⇒革新的な生産技術が産業全体に普及する　……市場価格

　　　　⇨新技術による商品価格が市場価格の新たな水準になる

　　　　　……超過利潤は(10)_____

▽社会進歩の資本主義的なありかた

- 40 -

```
┌─────────────────────────────────────────────────┐
│ 【 超過利潤のメカニズム 】                        │
│   PC 1台の生産：                                 │
│  旧技術：生産コスト10万円、市場価格15万円        │
│                                                 │
│                                                 │
│  新技術：生産コスト8万円                         │
│                                                 │
│                                                 │
│ ┌──────┐                                        │
│ │具体例│                                         │
│ └──────┘                                        │
│                                                 │
└─────────────────────────────────────────────────┘
```

3．生産方法の発展

(1) 協業と分業

○1つの工場・職場に多数の労働者を集め労働させる　⇦ (11)＿＿＿＿＿＿＿＿

　　⇒　ⓐ個人の競争心や活力を刺激する
　　　　ⓑ生産手段を節約する

○職場の労働者を各作業工程に分割して配置する

　　　　⇦ (12)＿＿＿＿＿＿＿＿＿＿

　　ⓐ労働者の熟練の増進

　　ⓑ機械・設備の用途に応じた細分化・特殊化　……改善が容易になる

▽協業による分業

　　労働生産性の向上が促進される　……(13)＿＿＿＿＿＿＿＿＿＿＿＿

(2) 分業の歴史的発展

〇16C半ば～18C半ばの西欧

 (14)_____の普及

  ……作業は個々の労働者の技能・熟練に依存する

  ⟶労働生産性の向上は、熟練労働者の数やその養成期間により制約される

 1760年代～：産業革命の展開　……生産工程の機械化

 1820年代：(15)_____の確立

〇機械制大工業

 工場の自動的な機械・装置の体系に応じて労働者を配置する

  ⓐ一般に労働者の技能・熟練は不要になる

   ⟶(16)_____が拡大する

    ……未熟練労働者の雇用が可能になる

  ⓑ労働者は機械の運動に応じて労働する

   ⟶(17)_____により生産拡大・生産性向上が容易になる

    ⟹相対的剰余価値の生産の増進

     ⇨ 企業の成長は加速化し安定する

▽労働の(18)_____

  ……低レベルでの同質化　⇔ 労働価値説の物質的根拠

 ⓐ労働力商品が低廉化する

 ⓑ(19)_____が生産過程の主体になる

  ……労働者は全体の1つの「歯車」として機械に従属する

(20)_____も進行する

 ……「二重構造」

第9講　資本の蓄積と再生産

【　産業資本の運動形式　】　=復習=

【　生産物の区分　】　=復習=

生産物：用途に応じた区別　⇔　再生産の視点

　①生産手段：生産的消費のために使用される

　②消費手段：個人的消費のために使用される

【　商品の価値構成　】　=復習=

商品の再生産との関連で

　商品の価値　a　＝　c（不変資本）＋　v（可変資本）＋　s（剰余価値）

◇商品の価値構成という概念は、企業の全生産物、さらには社会の総生産物に関しても適用できる

１．資本の蓄積

(1) 資本の循環

○資本は一定額の貨幣Mとして投下され、増殖した貨幣額M'として回収される　……たえず出発点に戻っては同じ増殖運動を繰り返す

　　　　　　⇔ (1)_____

▽「資本の回転」との関係

(2) 固定資本と流動資本
○投下された資本（c、v）の回収のしかた
　　　……資本の回転との関係で
(1) 不変資本（c）：生産手段の購入に投じられた資本
　　　　①(2)＿＿＿＿＿＿＿＿＿＿　‥‥機械、設備、建物
　　　　　資本の数回の回転により回収される
　　　　　　　……資本の1回転でその一部がコストとして生産物価格に
　　　　　　　　計上される
　　　　②(3)＿＿＿＿＿＿＿＿＿＿　‥‥原料、燃料、材料
　　　　　資本の1回転ごとに回収される
　　　　　　　……資本の1回転でその全体がコストとして生産物価格に
　　　　　　　　計上される
(2) 可変資本（v）：労働力の購入に投じられた資本
　　　　資本の1回転ごとに回収される
　　　　　　⟹ (4)＿＿＿＿＿＿＿＿＿＿と見なされる

【 減価償却 】　　　　　　　　　　　　　　（有斐閣『経済辞典』）

固定資産のうち使用、時の経過あるいは陳腐化などの原因によって徐々に減価し、減価償却の手続によって費用化される資産を減価償却資産という。この種の資産は通常、使用その他の原因によりしだいに減価していくが、この減価に対応して、当該資産の取得原価から残存価額を差し引いた額（要償却額）をその耐用年数の各期間にわたり費用として配分することになる。このような会計上の手続きを減価償却という。その目的は各期間の損益を正確に計算することにある。

(3) 資本の蓄積

○企業は資本の回転の期末のM'（＝M＋ΔM）のうちから再投資して生産過程を繰り返す　⇦ (5)＿＿＿＿＿＿＿＿＿＿＿＿＿

　　ⓐM'のうちMのみを再投資する　⟶同じ規模で生産が反復される

　　　　⇦ (6)＿＿＿＿＿＿＿＿＿＿＿＿＿＿＿＿

　　ⓑM'のうちMのみでなくΔMの一部をも再投資する

　　　⟶より拡大された規模で生産が繰り返される

　　　　⇦ (7)＿＿＿＿＿＿＿＿＿＿＿＿＿＿＿＿

▽企業は利潤ΔMの追加的投資により拡大再生産を行いながら成長する

　　　⇦ (8)＿＿＿＿＿＿＿＿＿＿＿＿＿

○資本蓄積の前提

　　生産過程に固定資本として集積された機械・設備

　　　　⇦ (9)＿＿＿＿＿＿＿＿＿＿＿

○生産の技術体系

　　ⓐ現物形態：生産手段と労働力との構成比率

　　　　　⇦ (10)＿＿＿＿＿＿＿＿＿＿＿＿＿＿＿

　　ⓑ価値形態：不変資本（c）と可変資本（v）との構成比率

　　　　　⇦ (11)＿＿＿＿＿＿＿＿＿＿＿＿＿＿＿

【 資本の構成 】

生産の技術体系のありかたを表す「資本の構成」の概念は、「資本の技術的構成」と「資本の有機的構成」という2つの側面をもつ。前者は現物形態からみたもので、固定設備1単位当たりの労働者数、つまり機械1台の操作に従事する労働者数とみなすことができる。後者は価値形態からみたもので、市場経済の特質を分析するのに適合的な概念ということになる。簡略化して「資本構成」という場合、一般に後者を指す。

2．社会的再生産

▽企業による再生産の論理を社会的再生産にも適用してみよう

(1) 再生産表式
○社会の全産業を2部門に分割する

　①(12)＿＿＿＿＿＿＿＿＿＿＿＿＿＿＿：生産手段を生産する

　　　　生産手段c_1と労働（$v_1 + s_1$）により生産手段a_1を生産する

　②(13)＿＿＿＿＿＿＿＿＿＿＿＿＿＿＿：消費手段を生産する

　　　　生産手段c_2と労働（$v_2 + s_2$）により消費手段a_2を生産する

　　Ⅰ：$a_1 = c_1 + v_1 + s_1$

　　Ⅱ：$a_2 = c_2 + v_2 + s_2$

　　　⇦ (14)＿＿＿＿＿＿＿＿＿＿＿＿＿＿＿（*）

【 再生産表式 】　　　　　　　　　　　　　（岩波『現代経済学事典』）

社会経済システムにおける生産と消費の反復過程を2つの部門を用いて表形式に表現したもの。K.マルクスはF.ケネーの経済表を独自の再生産表式に発展させた。その理論内容は、後に展開されたW.レオンチェフの産業連関表、ケインズ後の景気変動論、経済成長論の先駆として位置づけられる。

---

(2) 単純再生産
○期末のM'のうちからM部分のみを再投資する

　　　　……ΔM部分は企業所有者の個人的消費にあてられる

　　⟶ 同一規模で生産が繰り返される

①本年度末の社会の総生産

　　　Ⅰ：$a_1 = c_1 + v_1 + s_1$

　　　Ⅱ：$a_2 = c_2 + v_2 + s_2$

②生産物の現物形態と価値構成を対照する

　ⓐ第Ⅰ部門の生産物

　　［現物形態］生産手段

　　［価値構成］c_1：第Ⅰ部門内で消費された生産手段を補填すべき部分

　　　　　　　　……<u>現物形態と一致する</u>

　　　　　　　　⟹ 第Ⅰ部門内の諸企業間で取引される

　　　　　　　$v_1＋s_1$：第Ⅰ部門内の労働者と企業所有者が消費手段として

　　　　　　　　消費すべき部分

　　　　　　　　……<u>現物形態と一致しない</u>［※］

　ⓑ第Ⅱ部門の生産物

　　［現物形態］消費手段

　　［価値構成］c_2：第Ⅱ部門内で消費された生産手段を補填すべき部分

　　　　　　　　……<u>現物形態と一致しない</u>［※］

　　　　　　　$v_2＋s_2$：第Ⅱ部門内の労働者と企業所有者が消費手段として

　　　　　　　　消費すべき部分

　　　　　　　　……<u>現物形態と一致する</u>

　　　　　　　　⟹ 第Ⅱ部門内の企業と労働者の間で取引される

③この生産が次年度も同じ規模で繰り返されるためには、

　　第Ⅰ部門の生産物の$(v_1＋s_1)$部分と第Ⅱ部門の生産物のc_2部分とが、

　　両部門間（企業間、企業と労働者の間）で取引されることが必要である

▽単純再生産の均衡条件

　　(15)_____

|具体例|

①本年度末の状況

　　　Ⅰ：$1500a_1＝900c_1＋300v_2＋300s_1$

　　　Ⅱ：$1000a_2＝600c_2＋200v_2＋200s_2$

②生産物の現物形態と価値構成を対照する

　ⓐ第Ⅰ部門の生産物

　　［現物形態］生産手段

　　［価値構成］900c_1：第Ⅰ部門内で消費された(16)＿＿＿＿＿＿＿＿＿＿

　　　　　　　　　　　を補填すべき部分

　　　　　　　　……現物形態と一致する

　　　　　　　　　⇒第Ⅰ部門内の諸企業間で取引される

　　　　　　300v_1＋300s_1：第Ⅰ部門内の労働者と企業所有者が消費手段とし

　　　　　　　　　て消費すべき部分

　　　　　　　　……現物形態と一致しない［※］

　ⓑ第Ⅱ部門の生産物

　　［現物形態］消費手段

　　［価値構成］600c_2：第Ⅱ部門内で消費された生産手段を補填すべき

　　　　　　　　　部分

　　　　　　　　……現物形態と一致しない［※］

　　　　　　200v_2＋200s_2：第Ⅱ部門内の労働者と企業所有者が

　　　　　　　　　(17)＿＿＿＿＿＿＿＿＿＿として消費すべき部分

　　　　　　　　……現物形態と一致する

　　　　　　　　　⇒第Ⅱ部門内の企業と労働者の間で取引される

③この生産が次年度も同じ規模で繰り返されるためには、

　第Ⅰ部門の生産物の(18)＿＿＿＿＿＿＿＿＿＿＿＿＿＿＿＿＿＿部分と、

　第Ⅱ部門の生産物の(19)＿＿＿＿＿＿＿＿＿＿＿＿＿＿＿＿＿＿部分とが、

　両部門間（企業間、企業と労働者の間）で取引されることが必要である

▽単純再生産の均衡条件

　　　　(20)＿＿＿＿＿＿＿＿＿＿＿＿＿＿＿＿＿＿＿＿＿

第10講　再生産論

1．拡大再生産

○M'のうちM部分をこえてΔM部分からも再投資して、より拡大された規模で生産が繰り返される

①本年度末の状況
$$\text{I}: a_1 = c_1 + v_1 + s_1$$
$$\text{II}: a_2 = c_2 + v_2 + s_2$$

次年度の生産のための<u>剰余価値sの分割</u>

資本構成（c／v）不変と仮定すると、
$$s_1 = \Delta c_1 + \Delta v_1 + s_1'$$
$$s_2 = \Delta c_2 + \Delta v_2 + s_2'$$

……s'部分は各部門の企業所有者が個人的に消費する

∴ $\text{I}: a_1 = (c_1 + \Delta c_1) + (v_1 + \Delta v_1) + s_1'$
　$\text{II}: a_2 = (c_2 + \Delta c_2) + (v_2 + \Delta v_2) + s_2'$

②生産物の現物形態と価値構成を対照する

ⓐ第Ⅰ部門の生産物

　［現物形態］生産手段

　［価値構成］$c_1 + \Delta c_1'$：第Ⅰ部門内で消費された生産手段を補填すべき部分

　　　　　　……<u>現物形態と一致する</u>

　　　　　　⇒ 第Ⅰ部門内の企業間で取引される

　　　$v_1 + \Delta v_1 + s_1'$：第Ⅰ部門内の労働者と企業所有者が消費手段として消費すべき部分

　　　　　　……<u>現物形態と一致しない</u>［※］

- 49 -

ⓑ第Ⅱ部門の生産物

　　［現物形態］消費手段

　　［価値構成］$c_2+\Delta c_2$：第Ⅱ部門内で消費された生産手段を補填すべき部分

　　　　　　　　……<u>現物形態と一致しない</u>［※］

　　　　　　$v_2+\Delta v_2+s_2'$：第Ⅱ部門内の労働者と企業所有者が消費手段として消費すべき部分

　　　　　　　　……<u>現物形態と一致する</u>

　　　　　　　　⟹　第Ⅱ部門内の企業と労働者・企業所有者との間で取引される

③この生産が次年度は拡大された規模で行われるためには、

　　第Ⅰ部門の生産物の_(1)_____部分と、

　　第Ⅱ部門の生産物の_(2)_____部分とが、

　　両部門間で取引されることが必要である

　　……第Ⅱ部門内の企業が、第Ⅰ部門内の企業から（$c_2+\Delta c_2$）の価値をもつ生産手段を購入し、第Ⅰ部門内の労働者と企業所有者が、第Ⅱ部門内の企業から（$v_1+\Delta v_1$）$+s_1'$の価値をもつ消費手段を購入する

▽拡大再生産の均衡条件

　　　　_(3)_____

【 貨幣の流れ 】

<u>第Ⅱ部門内の企業</u>
  ⟶ <u>第Ⅰ部門内の企業</u>
  ⟹ <u>第Ⅰ部門内の労働者と企業所有者</u>
  ⇨ <u>第Ⅱ部門内の企業</u>

▽貨幣は最終的には(4)＿＿＿＿＿＿＿＿＿＿＿＿に戻る

具体例

①本年度末の状況

  Ⅰ：$2400a_1 = 1600c_1 + 400v_1 + 400s_1$

  Ⅱ：$900a_2 = 600c_2 + 150v_2 + 150s_2$

剰余価値の分割

  資本構成（c／v＝4／1）は不変として

   $400s_1 = 160\Delta c_1 +$ (5)＿＿＿＿＿＿$\Delta v_1 + 200s_1'$

   $150s_2 = 40\Delta c_2 +$ (6)＿＿＿＿＿＿$\Delta v_2 + 100s_2'$

   ……s'は企業所有者が個人的に消費する

そうすると、上の表式は次のように書き換えられる

  Ⅰ：$2400a_1$
   $= (1600c_1 +$ (7)＿＿＿＿$\Delta c_1) + (400v_1 + 40\Delta v_1) + 200s_1'$

  Ⅱ：$900a_2$
   $= (600c_2 +$ (8)＿＿＿＿$\Delta c_2) + (150v_2 + 10\Delta v_2) + 100s_2'$

②次年度初めの状況

  資本構成（c／v＝4／1）は不変として

   Ⅰ：$1760c_1 + 440v_1$

   Ⅱ：$640c_2 + 160v_2$

  ……vとsの比率（s／v＝1／1）は一定と仮定すると、

③次年度末の状況
  Ⅰ：_(8)_____ $a_1 = 1760c_1 + 440v_1 +$ _(9)_____ s_1
  Ⅱ：_(10)_____ $a_2 = 640c_2 + 160v_2 +$ _(11)_____ s_2

2．再生産論の意義

(1) 意味
　ⓐいかなる社会も存続するのに必要な生産物を生産する2大部門で、社会的再生産に必要な生産手段と消費手段が産出されて、それぞれの部門内部と部門相互の間で補填される　⇦ _(12)_____
　　　再生産表式は、資本主義経済もこの経済原則を充足していることを明らかにする　⇦ 経済システムの存立可能性
　ⓑ資本主義経済のもとでは、市場における商品売買を通じて商品の需要と供給が社会的規模で調整される　……価値法則の作用
　　　再生産表式は、価値法則が作用した_(13)_____を総括的に表示する

(2) 方法論
　ⓐ結果からみて市場経済的に意味のある生産・流通を想定する
　　　……現実には不断に生じる過不足を捨象して、事態が正常に進行しているかのように理論を展開する
　　　　　⇦ _(14)_____の想定
　ⓑ貨幣はそこで行われる取引を媒介しながら持ち手を次々に換えて、最終的には出発点に戻る　⟹ _(15)_____

▽その分析領域で何を説明するのか、により方法論が異なる

【 スラッファの均衡価格体系 】

社会の総生産物を次のように表す。

　　　鉄8トン ＋ 小麦120クォーター　⟶　鉄20トン

　　　鉄12トン＋ 小麦280クォーター　⟶　小麦575クォーター

鉄と小麦の価格をp_1、p_2とし、一般的利潤率をrとすると、

　　　生産物の価格 ＝ コスト＋利潤

　　　利潤 ＝ コスト×一般的利潤率

　　∴　生産物の価格 ＝ コスト×（$1+r$）

したがって、上のモデルは以下の連立方程式で表すことができる。

　　　（ 8p_1 ＋ 120p_2 ）（$1+r$）＝ 20p_1

　　　（12p_1 ＋ 280p_2 ）（$1+r$）＝ 575p_2

この連立方程式には方程式が2本あるが、未知数は3個あるので、未知数を1個減らさなければ方程式は解けない。

そこで、鉄と小麦は相対価格だけが決まればよいと考えて、

　　　$p_1 / p_2 = p$

とおけば、上式は次のように表される。

　　　（ 8p ＋ 120 ）（$1+r$）＝ 20p

　　　（12p ＋ 280 ）（$1+r$）＝ 575

この方程式を解くと、

　　　$r = 0.25$（＝25％）

　　　$p ＝ p_1 / p_2 ＝ 15$

　　　　　　　　　　（P.スラッファ『商品による商品の生産』1960年）

▽相対価格しか求められない

　労働の投入について、労働1時間当たりの賃金率をwとして方程式を再構成する

　　　⇨⇨　生産価格論

第11講　企業の競争と生産価格

１．生産価格の機構

○資本主義経済のもとでは個別企業がより多くの利潤の獲得を目指して市場で無政府的に競争する　⇨　社会的再生産が遂行される
　　……社会にとって必要な財・サービスが再生産される
▽そのメカニズムとはいかなるものか？
　生産価格の機構についてみよう

(1) 費用価格と利潤
○商品1単位の販売価格（p）の2つの構成要素
　　①(1)_____（k）
　　　　企業が商品生産のため支出した貨幣をコストとして回収する部分
　　　　　……生産手段・労働力の購入に投じられた資本を補填する
　　②(2)_____（r）
　　　　商品の価格のうち費用価格を越える部分

【　商品の価格とコスト　】

○企業の収益性（＝資本効率）をはかる尺度
　年間に取得される利潤総額（R）と投下資本総額（K）との比率
　　　　r' ＝ R／K ×100（％）　　⇦ 年利潤率

○ある時期に関して各産業の**代表的な生産条件**(*)は確定する

そのような生産条件をもつ企業に関して、

   ⓐ販売価格（p）：市場価格として与えられている

   ⓑ費用価格（k）：生産諸要素の購入価格を所与として、当該時期の

        (3)＿＿＿＿＿＿＿＿＿＿＿＿＿＿＿＿＿により決まる

 ⇒各産業では代表的な生産条件にもとづく利潤率が成立する

【 ある産業の代表的な生産条件を持つ企業 】

▽市場における需要の変動に基本的に対応している部分

---

(2) 利潤率の均等化

○個別企業は諸産業での期待利潤率を比較して投資部門を選択する

   →→市場価格の変動に応じて商品の生産・供給を増減させる

    ……諸商品の生産・供給が需要に連動する

   ⇒⇒異なる諸産業の間で利潤率が均等化するように変動する

    ⇨ (4)＿＿＿＿＿＿＿＿＿＿＿＿＿＿＿＿＿(*)が成立する

【 一般的利潤率の形成 】

一般的利潤率は、ある産業において代表的な生産条件を持つ企業群に関して形成される。つまり、ある産業の代表的な生産条件を持つ企業群がその産業の利潤率を代表することになる。

 ……個別企業の利潤率は(5)＿＿＿＿＿＿＿＿＿＿＿＿＿＿＿＿＿

▽社会にとって必要なものを生産する産業に関して、中・長期的にみると、どの産業へ投資しても利潤率が均等となるような傾向がある

　　　　⇨ (6)＿＿＿＿＿＿＿＿＿＿＿＿＿＿＿＿＿＿

【 市場における需給調整(1) 】

ある商品に関して

　　　　(a) 価格↑（利潤率↑）　→　供給↑　→　供給過剰
⇒⇒　(b) 価格↓（利潤率↓）　→　供給↓　→　供給不足
⇒⇒　(a) ……

---

(3) 生産価格の形成

○一般的利潤率にもとづく価格

　　　市場価格の基準をなす価格　⇨ (7)＿＿＿＿＿＿＿＿＿＿＿＿＿＿（P）

　生産価格（P）＝費用価格（k）＋(8)＿＿＿＿＿＿＿＿＿＿＿＿（r）

　　　平均利潤：各産業の代表的な生産条件を持つ企業群の生産物に関して、
　　　　　　　　一般的利潤率に相当する分

▽一般的利潤率（r'）＝ $\Sigma R / \Sigma K \times 100$ とすると、

　平均利潤（r）＝ 費用価格（k）× 一般的利潤率（r'）／100

　生産価格（P）＝ 費用価格（k）＋ 平均利潤（r）

　　　　　　　＝ (9)＿＿＿＿＿＿＿＿＿＿＿＿＿＿＿＿＿＿

【 市場における需給調整(2) 】

ある商品に関して

　　　　(a) 需要＞供給　→　市場価格↑　→　市場価格＞生産価格
　　　　　　⇒ 利潤率↑　→　利潤率＞一般的利潤率　→　生産量↑
⇒⇒　(b) 需要＜供給　→　市場価格↓　→　市場価格＜生産価格
　　　　　　⇒ 利潤率↓　→　利潤率＜一般的利潤率　→　生産量↓
⇒⇒　(a) ……

【 価格メカニズム 】

価格メカニズムの作用による商品の需要・供給の調整のありかたは「不断の不均衡の不断の均衡化」として特徴づけられる。それは常に行き過ぎを伴う調整過程である。

▽市場経済のもとで「需要＝供給」となるような状況はありえない
　　　……分析の都合上の想定

▽生産価格の機構

　個別企業はより多くの利潤の獲得を動機として市場で競争する
　　　⟶結果からみると各産業間で利潤率が均等化されるような中・長期的な傾向がある

▽生産価格の構成

　生産価格 ＝ 費用価格 ＋ 平均利潤
　　　⇦ 市場価格の変動の基準

①費用価格：商品の再生産に必要な不変資本と可変資本（$c+v$）の部分について、コストとして回収する

②平均利潤：社会で生産された総剰余価値を、一般的利潤率の形成を通じて個々の産業・企業に均等に配分する
　　　⇦ 自由競争を保証する制度的な機能

2．マルクスの生産価格論

①社会の全産業を2部門に分割する
　　　……生産手段生産部門と消費手段生産部門

　年間の生産物の価値総額をa_i（$i=1,2$）とすると、
　　第Ⅰ部門（生産手段を生産）：$a_1 = c_1 + v_1 + s_1$
　　第Ⅱ部門（消費手段を生産）：$a_2 = c_2 + v_2 + s_2$

②各部門の生産物の費用価格をk_i、生産価格をP_i、
一般的利潤率をr'とすると（i＝1,2）

$$k_i = c_i + v_i$$

$$r' = \underline{\quad(10)\quad} \times 100$$

$$\therefore P_i = k_i + k_i \times r'/100$$

$$P_i = \underline{\quad(11)\quad}$$

具体例

○年度初め：投入

 Ⅰ： $800c_1 + 200v_1$

 Ⅱ： $600c_2 + 400v_2$

……$s_i/v_i = 3/4$（短期的には一定）とすると、

○年度末：産出

 Ⅰ： $800c_1 + 200v_1 + 150s_1 = 1150a_1$

 Ⅱ： $600c_2 + 400v_2 + 300s_2 = 1300a_2$

(1) 利潤率の均等化の前の状態

[価値でみた投入・産出関係]

	生産手段 c	賃金 v	利潤 s	商品価格 c+v+s	利潤率 s/c+v (%)
Ⅰ	800	200	150	(12)	(13)
Ⅱ	600	400	300	(14)	(15)
計	1400	600	450	(16)	――

- 58 -

(2) (1)に部門間での利潤率の均等化の処理を施す
　　⟹　生産価格が確定する
　　　……価値との直接的関係が保持されている

[生産価格でみた投入・産出関係]

	生産手段 c	賃金 v	利潤 s	生産価格 c+v+s	一般的利潤率 s／c+v (％)
I	800	200	(17)	(18)	(19)
II	600	400	(20)	(21)	(22)
計	1400	600	450	(23)	(24)

▽マルクスの生産価格論
　　生産価格の計算を価値で行っている　⇨　**次元の問題**(*)

┌─────────────────────────────────┐
【 次元の問題 】
○市場経済のもとでの生産価格に関する分析の次元は？
　①市場では価格で売買される　⟶価格で表現すべき
　②生産過程では労働時間が意味をもつ
　　　⟶労働時間でも表現できる
◇生産価格は市場価格での売買に関わる問題である
　　⟹価格で表現すべき
▽価値と価格は次元が違う
　　⇦ (25)_____の違い
　　…… 価値：労働時間　　価格：円
└─────────────────────────────────┘

◇生産価格の機構は現実には市場経済のもとでどのように機能しているのか？

第12講　生産価格の機構

１．生産価格と労働価値説

◇資本主義経済のもとで社会的再生産が遂行されるメカニズムとはいかなるものか？
　そのより現実的な機構として、生産価格の機構についてみていこう

【 マルクスの生産価格論 】　=復習=

①生産価格の基本

　　　生産価格(P) ＝ 費用価格(k) ＋ 平均利潤(r)

　　　　費用価格（k）＝$c+v$

　　　　平均利潤(r) ＝ 費用価格×一般的利潤率／100

　　　　一般的利潤率（r'）＝（$\Sigma s / \Sigma(c+v)$）×100

　　　生産価格(P) ＝ $k + k \times r'/100 = k(1 + r'/100)$

②マルクスの生産価格論

　ⓐ社会の全産業を2部門に分割する

　　　……生産財生産部門と消費財生産部門

　　年間の生産物の価格総額をa_iとすると、

　　　第Ⅰ部門：$a_1 = c_1 + v_1 + s_1$

　　　第Ⅱ部門：$a_2 = c_2 + v_2 + s_2$

　ⓑ各部門の生産物の費用価格を $k_i = c_i + v_i$、生産価格をP_iとし、

　　一般的利潤率を r' とすると、

　　　　$r' = (\Sigma s_i / \Sigma(c_i + v_i)) \times 100$

　　∴　$P_i = k_i(1 + r'/100) = (c_i + v_i)(1 + r'/100)$

▽価値タームでの計算では市場経済の解明には不十分である

◇価値と生産価格の関係を「価値の価格への転形」問題として考察しよう

2．生産価格への転形

具体例

  ⇦ 単純再生産について考察

(1) 社会の全産業を3部門に分割する

   ……第Ⅱ部門を2つに分割する

   ①第Ⅰ部門：生産財を生産する

   ②第Ⅱ部門：消費財を生産する　……労働者が消費する

   ③第Ⅲ部門：奢侈財を生産する　……企業所有者が消費する

 各部門の生産物は社会的再生産の関係から次のように表される

$$\begin{aligned} \text{Ⅰ}&: a_1 = c_1 + v_1 + s_1 \\ \text{Ⅱ}&: a_2 = c_2 + v_2 + s_2 \\ \text{Ⅲ}&: a_3 = c_3 + v_3 + s_3 \end{aligned} \quad \cdots\cdots(\text{Ⅰ})$$

これに数値を適用すると　‥‥ c/v は任意、$v/s = 3/2$ として、

$$\begin{aligned} \text{Ⅰ}&: 750a_1 = 450c_1 + 180v_1 + 120s_1 \\ \text{Ⅱ}&: 600a_2 = 200c_2 + 240v_2 + 160s_2 \\ \text{Ⅲ}&: 400a_3 = 100c_3 + 180v_3 + 120s_3 \end{aligned}$$

〔表1．生産された商品の価値の大きさ（単位：億時間）〕

	不変資本 c	可変資本 v	剰余価値 s	商品の価値 a = c+v+s
Ⅰ	450	180	120	750
Ⅱ	200	240	160	600
Ⅲ	100	180	120	400
計	750	600	400	1750

(2) 価値を価格に転形する

　①第一次接近

　　　　　価値 ⇒ 「生産価格」　⇔ マルクス的方法

　　生産価格＝費用価格＋平均利潤、一般的利潤率＝r' として

　　（Ⅰ）を次のように変形する

　　　　Ⅰ：$a_1 = (c_1 + v_1) + r'(c_1 + v_1)$
　　　　Ⅱ：$a_2 = (c_2 + v_2) + r'(c_2 + v_2)$　　　　　　　…………（Ⅱ）
　　　　Ⅲ：$a_3 = (c_3 + v_3) + r'(c_3 + v_3)$

　　（Ⅱ）から、社会的再生産において各部門が生産する財の消費・補填
　　関係に着目すると、現物形態と価値構成との関連から、次のような
　　関係が見出される

　　　　Ⅰ：$a_1 = c_1 + c_2 + c_3$
　　　　Ⅱ：$a_2 = v_1 + v_2 + v_3$　　　　　　　　　　　　…………（A）
　　　　Ⅲ：$a_3 = s_1 + s_2 + s_3$

　②第二次接近

　　　　　「生産価格」（⇔ マルクス的）　⇒

　　　　　　　　　生産価格（⇔ 市場価格の変動の中心）

　　3部門の生産する商品の生産価格を価値のそれぞれx倍、y倍、z倍だと
　　すると、(A)から、cとvを価格で表すにはそれぞれをx倍とy倍すれば
　　よいので、(Ⅱ)は次のように変形できる

　　　　Ⅰ：$a_1 x = (c_1 x + v_1 y) + r'(c_1 x + v_1 y)$
　　　　Ⅱ：$a_2 y = (c_2 x + v_2 y) + r'(c_2 x + v_2 y)$　　　　…………（Ⅲ）
　　　　Ⅲ：$a_3 z = (c_3 x + v_3 y) + r'(c_3 x + v_3 y)$

　　この3本の連立方程式には4つの未知数x、y、z、r' が含まれており、
　　方程式を解くには未知数を1つ減らす必要がある。

　　そこで、奢侈財の代表として金に着目する。

　　いま、金1gの価格が2000円であり、その生産に 2／3 時間の労働が必要

だとすれば、金1gの価値＝2／3（時間）だから、

$$金1gの価格 = 2／3 \times z = 2000（円）$$
$$\therefore \quad z = 2000 \times 3／2 = 3000（円／時間）$$

これを(Ⅲ)に代入して解くと、

$$x＝3840、\quad y＝3200、\quad r'＝25\%$$

また、 $P_i = (c_i x + v_i y) + r_i$ 、 $r_i = r'(c_i x + v_i y)$

以上の考察から、次の表2がえられる

〔表2．生産された商品の生産価格（単位：兆円）〕

	生産手段 cx	賃金 vy	利潤 $r = r'(cx+vy)$	生産価格 P
Ⅰ	172.8	57.6	57.6	288
Ⅱ	76.8	76.8	38.4	192
Ⅲ	38.4	57.6	24.0	120
計	288.0	192.0	120.0	600

(3) 価値と価格の関係を確定する

表2を再び価値の大きさで表してみると、次の表3がえられる

〔表3．取得される価値の大きさ（単位：億時間）〕

	不変資本 c	可変資本 v	剰余価値 $s = r／z$	商品の価値 a
Ⅰ	450	180	192	822
Ⅱ	200	240	128	568
Ⅲ	100	180	80	360
計	750	600	400	1750

これを表1と比較すると、次のことがわかる

○第Ⅰ部門は、750億時間の価値をもつ商品を822億時間の価値をもつ商品と交換し、第Ⅱ部門は、600億時間の価値をもつ商品を568億時間の価値をもつ商品と交換し、第Ⅲ部門は、400億時間の価値をもつ商品を360億時間の価値をもつ商品と交換した

　……生産価格の機構を通じて、3部門の間で不等労働量交換が、剰余価値の大きさの範囲内で行われている　⇨ **不等価交換**(*)

▽生産価格の機構

(1) いかなる社会であれ存続するのに原則的に必要な生産手段と消費手段の生産・分配を、資本主義経済は市場における商品売買を通じて充足している　⇨ 経済システムの存立の可能性

(2) 市場経済のもとでは、社会全体で生み出された剰余価値が、一般的利潤率の成立を介して諸産業部門の間で均等に配分される、そのより現実的なメカニズムを示す　⇨ 価値法則のより現実的な展開機構

【 不等価交換の現実的意味 】

○市場における自由な商品売買を通じて、異なる部門の間で剰余価値の移転が行われている　……部門間の資本構成（c/v）の格差により、資本構成のより低い部門からより高い部門へ、剰余価値が移転される

▽自由競争の結果として経済格差が生じる根拠を理論的に示す

○国際分業構造と価値移転の関係

　先進国が第三世界諸国へ工業製品を輸出し、第三世界諸国から農産物を輸入するという国際分業構造のもとでは、自由貿易を通じて、第三世界諸国は自ら生産した剰余価値を先進国に吸い上げられる

　　　……先進国・工業地域の交易上の相対的有利　／
　　　　　第三世界諸国・農業地域の相対的不利
　　⇒先進国・工業地域の富裕化／第三世界・農業国の貧困化
　　　　⇨ 「南北問題」

第13講　資本蓄積と雇用の動態

【 生産の技術体系 】　=復習=
　ⓐ現物：生産手段と労働力の構成比率　⇔　資本の技術的構成
　　　　……固定設備1単位当りの労働者数
　ⓑ価値：不変資本（c）と可変資本（v）の構成比率
　　　　⇔　資本の有機的構成（＝資本構成）（c／v）

○資本主義経済は景気の変動を反復しながら運動する
　　（好況→恐慌→不況）⇒（好況→恐慌→不況）⇒……
　　　　　⇔ (1)　　　　　　　　　　

【 景気循環 】　　　　　　　　　　　　　（有斐閣『経済辞典』）
資本主義の経済活動はかなり規則的な上下変動をすることが実証されている。この規則的変動が近似的に循環として捉えられるので、景気循環と呼ばれる。

◇資本蓄積の動態を**景気循環**(*)の各局面の交替としてみていこう

1．資本構成不変の蓄積

○好況期：生産が順調に拡大される時期
　資本蓄積は既存の機械・設備にもとづいて推進され、急を要しない設備更新は先送りされる
　　　……収益が順調にあがるかぎり固定設備は容易には廃棄されない
○生産拡大のために追加される利潤（ΔM）は既存の生産技術体系に応じて
　　再投資される

……利潤は同一の資本構成（c/v）のもとで不変資本（c）と可変資本（v）
　　に分割される　⇒資本構成は不変（一定）
▽好況期の資本蓄積は生産の量的拡大に重点を置く形が支配的になる
　　　　⇦ (2)_____の蓄積
　固定設備の増加にほぼ比例して、
　　　労働雇用⇧・利潤⇧
　　　　……利潤率（ΔM／M）は(3)_____

2．資本の過剰蓄積

(1) 好況末期

○好況期の生産の量的拡大が進展するにつれて使用される固定設備が増加し、
　その稼働率が上昇する
　　　　⟶　(4)_____
　　　　　　ⓐ生産手段：労働量の増加により増産できる
　　　　　　ⓑ労働力：労働により生産され増産されるものではない
　　　　⟹　固定設備の増産速度　＞　労働人口の増加速度
　　　　　　⇨　労働力の不足傾向が生じる
○労働力の需給が逼迫する
　　　⟶物価の上昇よりも速く賃金が上昇する
　　　　⇒⇒投下資本の増大に比べて利潤の増大が減少する
　　　　　……利潤率が(5)_____
▽追加投資をしてもそれに見合っただけの利潤があがらない
　　　　⇦ (6)_____
　　　　　　……利用可能な労働人口の規模に対して資本が過剰になる
　⇨⇨　利潤が絶対的に減少するにいたる
　　　　　……追加投資をすればするほど赤字が増える
　　　　　　⇦「資本の絶対的過剰」

┌───┐
│【「資本の過剰」はなぜ回避できないのか？】
│　企業は活動をやめられない
│
└───┘

(2) 恐慌期
○資本の過剰
　　企業の生産意欲は減退し、投機的活動が活発になる
　　　　　─→　　ⓐ生産過程は攪乱される
　　　　　　　　ⓑ市場の商品取引は攪乱される
　　何らかの事件（銀行への預金取り付け、株価の暴落）をきっかけに、
　　　　⇒市場経済の秩序が全般的に混乱し崩壊する
　　　　　　　⇦ (7)＿＿＿＿＿＿＿＿＿＿(*)

┌───┐
│【　恐慌　】　　　　　　　　　　　　　　（岩波『経済学事典』）
│好況と不況の間に生じる景気の反転のことで、典型的にはパニックとよば
│れる激発的な信用収縮を伴った再生産の全面的な収縮という形をとる。狭
│義にはパニックを意味したり、広義には信用と再生産の、パニックよりも
│大幅な収縮を意味することもある。
└───┘

▽恐慌期
　　生産が急激に縮小するなか、一連の企業や銀行が連鎖的に倒産する
　　　　　　⇦ (8)＿＿＿＿＿＿＿＿＿＿＿＿＿＿＿＿＿
　　⇨　雇用は大幅に削減され、失業者は急激に増大する
　　　　　　⇦ (9)＿＿＿＿＿＿＿＿＿＿＿＿＿

- 67 -

３．資本構成高度化的蓄積

(1) 不況期

○不況期：既存の固定設備は収益をあげない

　一部の有望産業で市況が好転すると固定設備の廃棄・更新が開始される
　　　(10)＿＿＿＿＿＿＿＿＿＿＿＿＿＿＿＿＿＿＿
　　　　……労働者1人当りが操作する機械の規模が拡大する
　　　　⟹ 投下資本当たりの不変資本の比率が上昇する
　　　　　⇦ (11)＿＿＿＿＿＿＿＿＿＿＿＿＿＿＿＿＿＿＿＿＿＿＿(*)

┌─────────────────────────────────────┐
│【 資本構成高度化的蓄積 】   │
│   │
│   │
│   │
│   │
└─────────────────────────────────────┘

(2) 不況の底入れ後

○不況期の資本蓄積

　生産の質的増進に重点を置く(12)＿＿＿＿＿＿＿＿＿＿＿＿＿＿＿＿＿

　が支配的になる

○資本構成の高度化により、失業者は(13)＿＿＿＿＿＿＿＿＿＿＿＿＿

　……次の好況期の生産拡大のために必要な(14)＿＿＿＿＿＿＿＿＿＿が、

　　不況期に失業者として創出される　⇦ 新たな好況を準備する

▽資本の蓄積過程

　好況期の資本構成不変のもとでの生産の量的拡大と、不況期の資本構成の

　高度化による生産の質的増進とが交替する

(15) _____ が交替する

⇨ 市場経済が社会経済システムとして成立できる

　　　⇦ (16) _____

【 さまざまな景気変動論 】

(1) 短期の波動：在庫循環

　　⇦ (17) _____（1923年）

約40カ月（3〜4年）周期の、企業の在庫の増減によって起こる波。好況期には企業の売れ行き予測が強気になり、仕入れを早めに増やして在庫は膨らむ。しかし売れ行きが伸び悩み在庫が過剰になると、企業は仕入れを控える。当然、メーカーの生産も減り、景気は急速に悪化する。すると企業の予想も弱気になり、在庫投資はさらに減少する。

(2) 中期の波動：設備循環

　　⇦ (18) _____（1860年）

7〜10年周期の、設備投資の変動によって起こる波。

機械・設備の寿命は10年前後であったことから、約10年ごとに設備投資のブームがやってくる。

(3) 長期の波動：技術革新の波

　　⇦ (19) _____（1920年）

約50年周期の、技術革新によって起こる波。

18世紀末から19世紀前半にかけては産業革命の展開、1840年代から1890年代にかけては鉄道建設の展開、1890年代末以降は電気や自動車の発達による。

(4) 太陽黒点説（sunspot theory）

　　⇦ (20) _____（1884年）

太陽熱の強弱をもたらす太陽黒点の数は11年周期で増減する。太陽黒点の数が増えて太陽熱が強まると、穀物は豊作となるが、黒点が減れば不作を招いて、結局は経済全体の好況・不況をもたらす。

第14講　資本と土地所有

◇地代はいかにして発生するのか？その原理的メカニズムについてみよう

１．超過利潤の差額地代への転化

【 企業間競争により生じる超過利潤 】　=復習=

○ある産業部門内で、市場調節的な生産条件よりも優れた生産技術をもつ
　企業は、平均利潤を超えて超過利潤をも獲得する

○技術革新の導入により、新技術のもとで生産された商品の生産コストは
　低下するが、それを従来通りの市場価格で販売できる
　　　⟹より大きな利潤を獲得する　⇦ 超過利潤

具体例
　旧技術：PC1台　生産コスト10万円、市場価格15万円

　新技術：PC1台　生産コスト8万円、

▽市場における競争
　　→→　革新的な生産技術が産業全体に普及する
　　⇒⇒　新技術による価格が市場価格の新たな水準になる
　　⇨⇨　超過利潤はしだいに消滅していく

○土地の肥沃度や立地条件による生産条件の優劣は、技術進歩などを通じて
　変化することがありうるが、完全に解消されることはない
　　　……企業にとって(1)＿＿＿＿＿＿＿＿＿＿

▽自然的条件の相違にもとづいて生じる超過利潤は地代に転化されて、土地所有者に支払われる

2．差額地代

(1) 差額地代の第一形態

○同一面積の土地に同額の資本が投じられる場合、生産技術は同一水準であるにもかかわらず、利用される土地の肥沃度や立地条件などの差異から、産出量や生産物1単位当たりのコストが異なる場合、そこには超過利潤が生じる　……超過利潤は(2)＿＿＿＿＿＿＿＿＿＿＿＿＿＿＿に転化されて、土地所有者に支払われる

具体例

耕地10アール当たり10万円が投資される

一般的利潤率を20％とすると、平均利潤は12万円になる

土地Aが市場調節的な生産条件をもつとすると、それは**限界的な**(*)土地ということになり、米の市場価格は60kg当たり2万円になる

土地	収穫 (kg)	価格 （万円）	投資 （万円）	利潤 （万円）	超過利潤 （万円）
A	360	(3)＿＿＿	10	(4)＿＿＿	—
B	480	(5)＿＿＿	10	(6)＿＿＿	(7)＿＿＿
C	600	(8)＿＿＿	10	(9)＿＿＿	(10)＿＿＿
D	720	(11)＿＿＿	10	(12)＿＿＿	(13)＿＿＿
計	2160	72	40	32	24

```
┌─────────────────────────────────────────────────────────────┐
│【 限界的（marginal）】　　　　　　　　　　　（有斐閣『経済辞典』）│
│　限界主義：経済現象を限界単位＝最終経済単位の大きさにより説明する│
│　限界効用：財の消費量を1単位増加した時に増加する効用の大きさ　　│
│　限界生産者：同一産業の企業群のうち、市場価格＝平均費用となる点で│
│　　　　　　　生産を続け、利潤を生み出す余地がないもの　　　　　│
│　▽「限界的な」土地、「市場調節的な」生産条件をもつ土地　　　　│
│　　　⇔市場の需要に応じる供給のありかた、という観点から　　　　│
└─────────────────────────────────────────────────────────────┘
```

(2) 差額地代の第二形態

○同じ土地に追加的投資が行われ、その生産性や収穫量が異なる場合、
　超過利潤が発生する
　　……差額地代に転化されて土地所有者に支払われる

具体例

　最優等地Dで10万円を単位とする投資が第3次まで行われ、第1次投資では
　720kg、第2次投資では480kg、第3次投資では360kgの収穫がある
　第3次投資が<u>限界的な</u>生産だとすると、米の市場価格は60kg当たり2万円、
　平均利潤は投資10万円当たり2万円ということになる
　土地Dでは合計16万円の超過利潤が生じ、差額地代に転化される

投資	収穫 (kg)	価格 (万円)	投資 (万円)	利潤 (万円)	超過利潤 (万円)
I	720	(14)_____	10	(15)_____	(16)_____
II	480	(17)_____	10	(18)_____	(19)_____
III	360	(20)_____	10	(21)_____	――
計	1560	52	30	22	16

○土地Dでの第2次投資による米の供給増大により社会の需要が満たされるなら、(22)＿＿＿＿＿＿＿＿＿＿＿＿＿＿＿＿＿＿＿＿＿＿＿＿＿

具体例

土地Bが<u>限界的な</u>土地になるとすると、米の市場価格は60kg当たり1.5万円に低下して、差額地代に転化される超過利潤は合計9万円にまで減少する

土地	収穫 (kg)	価格 (万円)	投資 (万円)	利潤 (万円)	超過利潤 (万円)
B	480	(23)＿＿＿	10	(24)＿＿＿	―
C	600	(25)＿＿＿	10	(26)＿＿＿	(27)＿＿＿
D	720	(28)＿＿＿	10	(29)＿＿＿	(30)＿＿＿
計	1800	45	30	15	9

【 生産拡大と地代の関係 】

　　耕作される最劣等地の等級　→米の市場価格
　　　　　　　　　　　　　　　⇒ 差額地代＿＿＿＿＿

　　米への需要　→最劣等地の等級　⇒米の市場価格
　　　　　　　　　　　　　　　⇒ 差額地代＿＿＿＿＿

　▽地主の利害関係と政策の関係

【 差額地代の機構の経済システム論的意味 】
市場経済のもとで、企業間競争の公平さが保障される機構が作用する
　　……企業間での自由競争が保証される

- 73 -

3．絶対地代

○資本主義経済のもとでは、いかなる土地も無償では利用できない
　　　→ 最劣等地にも地代が請求される
　　　　　⇦ (31)_____
　　　⇒ 最劣等地の生産物も、地代として支払われる超過利潤を含むように、市場価格が上昇する

具体例

最劣等地Aの所有者が10アール当たり1万8000円の借地料の支払いを要求する場合、60kg当たりの米の市場価格は2万3000円となる

土地	収穫 (kg)	価格 (万円)	投資 (万円)	利潤 (万円)	超過利潤 (万円)
A	360	(32)_____	10	(33)_____	1.8
B	480	(34)_____	10	(35)_____	(36)_____
C	600	(37)_____	10	(38)_____	(39)_____
D	720	(40)_____	10	(41)_____	(42)_____
計	2160	82.8	40	42.8	34.8

【 地代 ＝ 絶対地代 ＋ 差額地代 ？ 】
2つの地代の大きさは具体的には確定できない
　　……両者は一体となって地代を構成している
▽市場経済に特有の総括メカニズム

第15講　信用制度

1．商業信用

【信用制度（credit system）】　⇔ 金融制度
経済活動のなかで生じる種々の遊休資金を相互に融通しあう
　　　　……企業間、企業・銀行間、銀行間
　⇒個別企業：必要資金を節減して、商品の需要の増大に応じて供給
　　　　　　　を拡大する
　　⇒ 社会的規模：商品の需要・供給がより円滑に調整される

【信用制度】　　　　　　　　　　　　　　　　（岩波『経済学事典』）
約束手形などの信用状によって資金の社会的融通を実現する組織。金融の仕組みのうち貨幣貸借、手形割引、信用売買などは、他者の貨幣支払い約束を信頼することで行われるので、信用関係とよばれる。これらの取引が円滑に行われるためには取引のルール、慣行と組織が必要であり、これを信用制度という。

◇信用制度について、その基礎となる商業信用からみていこう

○商業信用の基本は、個別企業が商品取引に際して授受しあう信用である
　　　　　　　⇔ (1)＿＿＿＿＿＿＿＿＿＿＿＿＿＿＿＿＿＿
　　……商品取引に伴い貨幣の貸借関係が生じる
　　　　　　　⇔ (2)＿＿＿＿＿＿＿＿＿＿＿＿＿＿＿関係

(1) 商業信用の形式

○商業手形
　商品の所有権の移転に伴う貨幣の債権・債務関係を表示する証書

【 商業手形の流通 】

```
         綿糸            綿花            綿花
    A  ←―――  B  ←―――  C  ←―――  D
 織布業者      紡績業者        商人      綿花栽培業者
   ⇩          ⇧           ⇧           ⇧
〔手形〕 _____     _____     _____
```

① (3)_____

　　借りた一定額の貨幣を一定の期日に返済することを約束する証書
織布業者Aが綿糸を紡績業者Bから購入するため、一定期間後に返済することを約束した手形をBに対して振り出す

　　　……　ⓐ綿糸の所有権：(4)_____
　　　　　　ⓑ貨幣の債権・債務関係：(5)_____

② (6)_____

　　一定の期日に一定額の貨幣を支払うよう指図する証書
紡績業者Bが手形を満期まで保有しないで、綿花を購入するため商人Cに引き渡す場合、BはAに対して、Bから借りた貨幣額を約束の期日にCに支払うよう指図する

　　　(7)_____
　　　……満期がきてもAが支払いできない場合、Bが連帯責任を負う
⇒BはAに対してもつ債権とCに対して新たに生じる債務を相殺する

　　　……　ⓐ綿花の所有権：(8)_____
　　　　　　ⓑ貨幣の債権・債務関係：(9)_____

商人Cが綿花を購入するためこの手形に裏書きを加えて綿花栽培業者Dに引き渡す

⇒Cに対するAの債務はDに対するAの債務に変換される

　　　……　ⓐ綿花の所有権：(10)_____
　　　　　　ⓑ貨幣の債権・債務関係：(11)_____

▽為替手形：企業間の商品取引における信用関係の基本形式
　　　　　　　……(12)_____
　　債務者の支払い約束に裏書人の連帯保証が加えられると手形の流通性
　　が高まる　……市場でよりよく受け取られる
　　　　　　⇧ (13)_____が増す

(2) 商業信用の機能
○商業信用は商品取引に必要な資金を企業間で節約し合いながら、商品取引
　をより円滑にする
　　①個別企業は生産や販売のために必要な資金を節約して、経済活動の
　　　拡大のために利用できる
　　　　⇒　商業企業：商品の販売が促進される
　　　　　　産業企業：原材料の購入が容易になる
　　②社会的規模で(14)_____が促進される
　　　ⓐ商品の供給不足の産業：信用販売が拡大される
　　　　　→生産手段の購入が増大して生産拡大が加速される
　　　　　⇒商品の供給不足が速やかに解消される
　　　ⓑ商品の供給過剰の産業：信用供与が縮小される
　　　　　→売れ行きの悪い商品の生産拡大が抑制される
　　　　　⇒商品の供給過剰が速やかに解消される

(3) 商業信用の利子
○商業信用に伴う利子
　　　(10)_____
　　ⓐ売れ行きのよい商品：近い将来における市場価格の上昇への期待から
　　　　信用価格⇧　→　利子率⇧
　　ⓑ利子率には、手形に記載された企業の信用力の差が反映される
　　　　⇒商業信用の利子率には企業間で差異が残る

▽商業信用

　諸企業の遊休資金を動員して、商業取引における必要資金を節減する
　　　　⟹ 社会的再生産が拡張／抑制される
　　　　　　⇨ 商品の需要・供給の不均衡が調整される

２．銀行信用

◇商業信用との関連において歴史的観点からみていこう

(1) 銀行信用の基本形態
○銀行信用

　銀行は不特定多数の企業との間に社会的規模での貨幣の債権・債務関係を取り結ぶ　……発行した銀行券や受け入れた預金で商業手形を割り引く
　　　ⓐ銀行の債務
　　　　　(11)_____
　　　ⓑ銀行の債権
　　　　　(12)_____
○銀行券

　一定金額を単位とする(13)_____
　　　……より大きな信用力にもとづいてより広い流通性を獲得する

(2) 手形割引
○銀行は商業手形を銀行券と交換する場合、手形の額面金額から手形の満期
　までの期間に応じて一定金額を割り引く　⇦ (14)_____
　割引利子：手形割引の形をとった(15)_____に対する利子
▽**手形割引**(∗)：銀行は銀行券で商業手形を割り引くことにより、
　　ⓐ手形の満期まで特定の債務者に対する債権を手形の形で取得する
　　ⓑ銀行券の発行残高の形で社会に対して貨幣債務を負う

【 手形割引 】
　一般的利子率が年8%の場合、満期まで8カ月の額面1000万円の手形は
　_____円を割り引いて、
　_____円の銀行券と交換される
　……手形を割り引いた銀行は、手形の満期日に債務者から1000万円の
　　支払いを受けて、_____円を割引利子として取得する

○満期手形の返済や預金の受入れに伴い、銀行に銀行券が還流する
　　　　→　ⓐ銀行の貨幣債務　/　ⓑ支払いのための資金
　　　　⇒ 手形割引による新たな貸付のための基礎が拡充される
▽銀行は預金受け入れと貸付金の返済が順調に増大するなら、新たな貸付
　を拡大することができる

【 BIS規制（バーゼル合意）】
　国際業務を営む銀行に関して自己資本比率を8%とする
　　……リスクへの対処として自己資本を厚くし、銀行経営の健全性を守る

①資本金＝発行株式総額［時価］
②資産ごとのリスクに応じたウェートづけ

▽不況：自己資本↓　　→　　貸付↓　⇒　「貸し渋り」

第16講　銀行と貨幣市場

【 金融市場 】

(1) 貨幣市場　⇨ (1)＿＿＿＿＿＿＿＿＿＿＿＿＿＿＿市場

　短期資金が取引される　⇨ 一時的な必要資金を融通しあう市場

①インターバンク市場（inter-bank market）

　　金融機関のみが参加する

　　日本

　　(a)コール市場：民間金融機関が必要資金の一時的な過不足を相互に
　　　　調整する

　　　　……「コール資金」（翌日物～1年物）

　　　　　⇨ 日銀が行なう金融調節の場

　　(b)ドル・コール市場：外貨を調達する市場

　　(c)手形市場：商業手形を対象とする

　　　　……返済期間が1週間～1年未満のもの

②オープン市場（open market）

　　金融機関以外も参加する

(2) 資本市場　⇨ (2)＿＿＿＿＿＿＿＿＿＿＿＿＿＿＿市場

　長期資金が取引される

①証券市場

　　証券の発行・流通　……株式市場、債券市場

②長期ローン市場

　　設備資金、長期運転資金の借り入れ

1．市中銀行

○中央銀行に発券業務を委ねて(3)＿＿＿＿＿＿＿＿＿＿＿＿＿＿＿に特化する

　顧客からの預金受入れや手形割引・資金貸付の要請に応じる

○個々の銀行は預金の払戻しに備えて一定金額を保有すべき

　　　　⇦ (4)　　　　　　　　　　　　　　　　　　　　　

▽日本では「中央銀行預け金」のみを「支払準備」と呼ぶ
○銀行の営業状態を示す指標：債務総額に対する支払い準備の比率

　　　　⇦ (5)　　　　　　　　　　　　　　　　　　　　　

【 準備預金制度 】

「支払準備制度」ともいう。預金残高の一定割合を中央銀行に無利子で預け入れることを義務づける制度。その割合を「預金準備率」という。

○個々の銀行は一定水準の準備率の維持を重視する
　　　　企業からの資金貸付の需要　→準備率
⇒ 準備率を回復すべき
　　　ⓐ自ら約束手形を振り出して他の銀行から融資を受ける
　　　ⓑ保有する商業手形に裏書きを加えて他の銀行に手形の再割引を
　　　　要請する
　　　⇨⇨ 多数の銀行の間に資金の融通関係が形成される

　　　　⇦ (6)　　　　　　　　　　　　　　　　　　　　　

▽貨幣市場
　市中銀行が互いに資金を融通しあう
　　……市中銀行の間での商業手形の取引（再割引、交換）を集中的に処理
　　する　⇨市中銀行間での手形の再割引率の水準が形成される

　　　　⇦ (7)

2．中央銀行

○中央銀行は、市中銀行が保有する商業手形を再割引することを通じて、市中銀行に貸付を行なう

　　　　……「商業手形または国債を担保とする貸付」
　　　⇦ (8)＿＿＿＿＿＿＿＿＿＿＿＿＿＿＿＿　……「最後の貸し手」
　　　再割引利子率 ＝ (9)＿＿＿＿＿＿＿＿＿＿＿＿＿＿
　　　　……貨幣市場の一般的利子率を考慮して政策的に決定する

①市中銀行は支払い準備の一部を中央銀行に置く
　　　⟹中央銀行による手形再割引の基盤が形成される
　　　　……中央銀行による手形再割引の余地が拡大される

②中央銀行は銀行券を発行する
　　　⇦ (10)＿＿＿＿＿＿＿＿＿＿＿＿＿＿＿＿＿＿
　　ⓐ貨幣市場における市中銀行間の共通の決済手段として利用される
　　ⓑ一般の商取引や信用取引にも利用される
　⟹中央銀行券は社会的規模で流通する
　　　⇨ 中央銀行の信用力は社会的な水準のものに高まる
　　　　……一般の人が受け取る

【 準備率操作 】

準備預金制度にもとづいて、中央銀行が預金準備率を変更することにより、金融機関の与信活動に影響を与える政策

3．利子率と利潤率

○貨幣市場は貸付可能な資金の需要・供給を社会的に集約する
　　　貨幣市場の一般的利子率は商業信用・銀行信用における利子率の基準
　　　となる　……　利子率の確定性 ⇔ 利潤率の不確実性
○諸企業は一般的利子率を投資競争の参照基準とする
　信用を利用した事業拡大から得られると期待される追加的利潤について
　　　　　ⓐ期待利潤率＞一般的利子率：事業拡大を促進する
　　　　　ⓑ期待利潤率＜一般的利子率：事業拡大を抑制、事業を縮小する
○一般的利子率の決定原理
　　一般的利子率は貨幣市場における資金の需要・供給の動向により決まる
　　　　　その水準は**(11)**　　　　　　　　　　　　　　　　　　
　　　　　　……客観的な決定原理はない

▽信用制度の限界
　　信用制度は、企業活動のうちに生ずる遊休資金を社会的に動員して企業
　　相互に融通しあう制度として形成された
　　　基本的な機能：企業の**(12)**　　　　　　　　　　　　　　　　
　　　　　　を促進する
◇固定設備が大規模化して、その建設や運営に巨額の資本が必要になると、
　それをみたすには不十分になる
　　　　↻ この限界を克服するのが株式会社

【 信用制度の限界 】

　　貸付の長期化　⟶　銀行・企業関係の固定化
　　　　　　　　　　⟹　支配・従属関係
　▽原論世界の論理：自由競争の想定

【 信用創造 】

　○銀行は受け入れた預金額以上に貸付を行うことができる

　▽＜預金→貸出→預金→貸出＞の繰り返し　⇒

　　当初の預金100万円が、銀行制度全体では1000万円分の役割を演じる

【 公開市場操作（open market operations）】

中央銀行が公開市場で市場価格を基準に証券を売買することにより、
民間金融機関の準備預金量や短期金利を変化させる政策手段。

　(a) 売オペレーション（市場の資金が過剰：金融引き締め策）

　　　中央銀行が保有証券を公開市場で売却する

　(b) 買オペレーション（市場の資金が不足：金融緩和策）

　　　中央銀行が公開市場で証券を購入する

第17講　株式資本

1．株式会社

(1) 株式会社の形態
○資本の所有を多数の株式持ち分に細分する　⇨ (1)＿＿＿＿＿＿＿＿＿＿
　各1株：会社に払い込まれた資本金と企業活動により生み出される利潤と
　　　　に対する均等な請求権を表す
○企業の株式会社化
　　　　⟶ (2)＿＿＿＿＿＿＿＿＿＿＿＿＿＿＿関係が二重化する
　　　　　ⓐ全体としての会社資本（企業資産）
　　　　　　……各株主が持ち株数に比例して所有する
　　　　　ⓑ現実に運動している資本
　　　　　　……株式会社自体が統一的に所有する
　　　⟹ (3)＿＿＿＿＿＿＿＿＿＿＿＿＿＿＿関係も二重化する
　　　　　ⓐ利潤：株式会社が直接的に取得する
　　　　　ⓑ配当：各株主が持ち株数に比例して取得する

【　企業利潤の取得関係　】

▽資本の所有と利潤の取得を二重化することにより
　ⓐ経営の統一性の確保　……株主の交替・増大も企業運用に支障なし
　ⓑ株式証券には売買可能性が与えられる
　　　⇨ (4)＿＿＿＿＿＿＿＿＿＿＿＿＿　……市場で自由に売買できる

(2) 株式会社の機能

(1) (5) ＿＿＿＿＿＿＿＿＿＿＿＿＿＿＿＿＿＿＿

 額面金額が小額の株式証券が譲渡可能となる

   ⟶ 各企業への共同出資者の数・範囲が拡大される

    ⟹ 個人では容易に実現できない大規模投資が可能になる

(2) (6) ＿＿＿＿＿＿＿＿＿＿＿＿＿＿＿＿＿＿＿

 株主は、持ち株数に比例して会社経営に関する発言権をもつ

 株主数の増大により、経営に対する発言権が分散し希薄化する

   ⓐ経営に事実上関与できない中小株主が増大し、経営の支配権は大株主に集中する

    ⟶ 経営は中小株主の所有から分離される

   ⓑ大株主は会社の経営をプロの経営者に委ね、その選任権のみを行使する

    ⟶ 経営は大株主の所有からも分離される

(3) (7) ＿＿＿＿＿＿＿＿＿＿＿＿＿＿

 企業の吸収・合併を促進する　……Ｍ＆Ａ(*)

【 M&A（merger & acquisition）】　　　　　（有斐閣『経済辞典』）

合併や買収という手段を用いて、対象となる企業や企業のある事業部門を支配すること。その手法としてTOB（株式の公開買付け）やLBO（レバレッジド・バイアウト：買収先企業の資産や収益力を担保にして借り入れた資金による買収）があるが、それらは事業の再構築や国際競争力の強化のために行われる。日本ではバブルの崩壊後、地価や株価の暴落をうけて、外国資本によるM&Aが急増した。

○株式会社の新規設立、持ち株会社の利用により

 ⓐ既存企業の活動を停止しないで、複数の企業を一つの会社に統合できる

  …… 意志決定の迅速さ、行動の機敏さが保証される

ⓑ不況期には大企業の独占的行動を助長する

　　　⇒　失業者↑、中小企業の利潤↓　……経済全体への収縮圧力

　　　⇨　過剰資本の整理が長期化する

２．資本市場

(1) 株価と利回り
○株式の利回り（y）⇔利子率

　１株当たり株価（Ps）に対する１株当たり配当（d）の比率

　　　　y ＝ (8)＿＿＿＿＿＿＿＿＿＿＿＿＿＿

　遊休資金の所有者は資本市場の利回りと貨幣市場の利子率を比較して

　投資分野を決定する

　　　→→　株価は、資本市場での株の需給動向を通じて

　　　　(9)＿＿＿＿＿＿＿＿＿＿＿＿＿＿＿＿＿＿＿＿＿＿＿

　　　となるような水準で決まる

　　　⇒⇒　株価：配当を市場利子率（i）で割った価格

　　　　　　　⇔ (10)＿＿＿＿＿＿＿＿＿＿＿＿＿＿＿＿（*）

　　　y＝i より　　Ps ＝ (11)＿＿＿＿＿＿＿＿＿＿

【　資本還元　】

　定期的収入を利子率で割る

　　　→定期的収入を生む資産の価値を算定する

○地代や国債利子の資産価値の算定方法（理論価値）

　年間の地代収入や国債利子収入を市場利子率で資本還元する

(2) 創業利得

○創業[者]利得 ＝ (12)_____

①第一次接近

　資本金100億円の会社が額面50円の株式2億株を発行して創業したとする。この会社がある年度に20億円の利潤をあげた場合、1株当たりの利潤は20億／2億＝10 円 となる。いま市場利子率を5％とすると、この利潤を市場利子率で資本還元して、株価は 10／0.05 ＝ 200 円 となり、株価総額は 200×2億 ＝ 400億 円と評価される。

②第二次接近

　利潤20億円から重役報酬などの経営費用2億5000万円が差し引かれて、17億5000万円（1株当たり8.75円）が配当として株主に分配されるとする。株価の評価に際して市場利子率に2％の**リスク・プレミアム**(*)が追加され、(13)_____％で配当が資本還元されるとすれば、この株式は(14)_____円の株価を基準に取り引きされ、株価総額は(15)_____円となる。この場合、創業利得は(16)_____円（1株当たり75円）になる。

【 リスク・プレミアム 】
　株式購入により生じるリスク負担に対する補償

▽創業利得

　ⓐ株式市場を通じて中小株主から創業者や大株主へ移転されたもの
　ⓑ創業利得は株式の売却により現実には獲得される
　　……創業者の保有分については創業利得は(17)_____にとどまる

```
┌─────────────────────────────────────────────────────────┐
│ 【 額面金額 】                                            │
│ 有価証券の券面に記載されている金額　……最低額は商法により規定 │
│ 　　旧商法（1899年）：20円　／　1951年改正：500円　／     │
│ 　1981年改正：5万円                                       │
│ 　　　　……改正前に設立された会社は従来通りでよい           │
│ 　　　　⇒ ほとんどの上場会社では50円額面                   │
│ 　1981年の改正：無額面株式の奨励                          │
│ 　2001年の改正：額面株式制度の廃止                        │
│ 　　　　⇨ すべてが無額面株式になる                        │
└─────────────────────────────────────────────────────────┘
```

3．資本の究極の展開形態

○株式資本の形態

　資本は生産過程と流通過程を通じて現実に展開される増殖運動を保持したまま、資本市場で日常的に取引される商品として扱われる

　　　　⇔ (18)_____

▽資本主義社会は、商品を基本形態とし、資本の運動のもとに経済生活のあらゆる要素を商品化する特殊な社会である

　　……労働力の商品化は、徹底した市場経済社会として資本主義を成立させるのに不可欠の歴史的前提条件をなした

○資本主義経済の現実的な運動のなかで

　　貨幣市場：資金としての貨幣も商品形態をうけとる

　　資本市場：株式資本としての資本自体も商品形態をうけとる

　　　　⇔ (19)_____

▽商品形態はいまや、資本主義経済の機構全体の中心的な主体である資本をも包摂するにいたる

　　⇨　株式資本は(20)_____をなす

第18講　景気循環

【 資本主義経済の動態 】
　▽景気変動（business fluctuation）の2つの波
　　　　①景気循環（business cycles）：約10年周期の波
　　　　②長期波動（long waves）：約50年周期の波
　　　　……2つの波が重なり合って経済動態を構成している

○景気循環
　　（好況→恐慌→不況）⇒（好況→恐慌→不況）⇒……
　　　　　　　　　　⇦ (1)＿＿＿＿＿＿＿＿＿＿＿＿
▽資本主義経済は景気循環過程を通じて運動してきた

◇資本主義経済の特質を明らかにすべく、景気循環の各局面についてより
　具体的にみていこう

1．好況期

○生産が順調に拡大されていく時期
　　企業が順調に収益をあげるかぎり、固定設備は容易には廃棄されない
　　　　……急を要しない技術革新は先送りされる
　　生産拡大のため生産過程に追加される利潤は既存の生産技術体系に応じて
　　投資される
　　　　……既存の資本構成（c／v）のもとで変資本（c）と可変資本（v）に
　　　　　分割されて投資される
　　　⟹　好況期には(2)＿＿＿＿＿＿＿＿＿＿＿＿＿＿＿＿＿＿＿
　　　　　が支配的となる

【 資本構成不変の蓄積 】
 (a)資本の技術的構成
    機械1台を操作する労働者数が一定

 (b)資本の有機的構成（資本構成）
    不変資本と可変資本の比率（c／v）が不変
       好況期：有効需要⇧
           ⟶生産量⇧
              ⟹それに比例して稼働機械台数⇧
                 ⇨ それに比例して必要な労働者数⇧

(a)生産が順調に増大する
       ⟶ 雇用が順調に拡大する、消費も順調に増大する
           ⟹ 生産はさらに拡大する
(b)生産拡大に必要な追加的労働人口は失業者として十分存在している
       ⟶ 賃金水準は安定的に推移する
           ⟹ 利潤率は(3)_____
(c)資金需要も増大するが、資金供給はより順調に増大する
       ⟶ 資金の需給関係は安定的に推移する
           ⟹ 利子率は(4)_____
    ⇨ 企業経営・国民経済は順調に成長する

【 利子率と利潤率の関係 】
企業は追加的資金を借り入れて生産を拡大し、得られた追加的利潤のうちから利子を支払う

2．好況末期

```
【 自然の制約 】　=復習=
 生産の量的拡大
   →→　稼働する固定設備の増加とともに労働雇用が拡大する
         ⓐ生産手段：労働量の増加によって増産できる
         ⓑ労働力：労働によって生産・増産されるものではない
     ⟹ 固定設備の増産速度＞労働人口の増加速度
       ⇨　労働力の不足傾向が生じる
```

(a)生産拡大に必要な追加的労働人口が不足する
　　　　⟶賃金が上昇する
　　　　　⟹利潤率は(5)＿＿＿＿＿＿＿＿＿＿＿＿＿＿＿＿＿

(b)一次産品が不足して価格が騰貴する
　　　　⟶全般的な物不足と物価騰貴が生じる
　　　　　⟹投機的取引が拡大する

(c)資金需要が急激に増大するが、資金供給はそれに遅れる
　　　　⟶資金の需給が逼迫する
　　　　　⟹利子率は(6)＿＿＿＿＿＿＿＿＿＿＿＿＿＿＿＿＿

(d)利子率がさらに高騰して、利潤率が低下する
　　追加投資をしても利潤があがらない
　　　　……投下資本の増大に比べて利潤の増大が相対的に減少する
　　　　　　⇨　「資本の過剰蓄積」
　　　　　　　　　……労働人口に対して資本が過剰に蓄積された
　　　　⇒⇒　利潤が絶対的に減少する
　　　　　　……投資すればするほど赤字が増える
　　　　　　　　⇨ (7)＿＿＿＿＿＿＿＿＿＿＿＿＿＿＿＿＿＿＿＿＿
　　　⇨⇨　投機的取引はさらに発展する　……経済のバブル化

【 賃金と利潤の相反関係 】
 商品の価格 ＝ コスト ＋ 利潤

３．恐慌期

○「資本の過剰蓄積」
　　→　企業の生産意欲は減退する
　　　　投機的活動が活発化する
　　　⇒　ⓐ生産過程の攪乱　……産業間の不均衡
　　　　　ⓑ市場における取引の攪乱　……売れない、支払い不能
　　　　⇨ 市場経済の秩序が全般的に混乱する
○銀行への預金取付けや株価の暴落をきっかけに商業恐慌・信用恐慌・産業恐慌が一体となった(8)＿＿＿＿＿＿＿＿＿＿＿＿＿＿が勃発する
　　(a)一連の企業・銀行が連鎖的に倒産する
　　　　⇦ (9)＿＿＿＿＿＿＿＿＿＿＿＿＿＿＿＿＿＿
　　(b)雇用は急激に縮小して失業者が急激に増大する

４．不況期

(1) 不況の当初
　(a)企業の倒産・失業者の増大が継続する
　(b)経済活動の前提となる主要な構成要素である、①産業の生産能力、②貸付可能な資金、③供給可能な労働力、の三者が過剰となる
　　　　……(10)＿＿＿＿＿＿＿＿＿＿＿＿＿＿＿＿

(c)既存の固定設備は収益をあげない状況が続く

やがて、ある産業で市況が好転するとの期待が高まる

⟶ 固定設備の更新が進展する

⇨ 技術革新 ……より高度な機械設備の導入

⟹ (11)＿＿＿＿＿＿＿＿＿＿＿＿＿＿＿＿＿＿＿

(d)資本構成の高度化により、失業者は(12)＿＿＿＿＿＿＿＿＿＿＿＿＿＿＿

【 資本構成高度化的な蓄積 】

(a)資本の技術的構成

　機械1台を操作する労働者数

(b)資本の有機的構成

　不変資本c／可変資本v

　　ⓐ機械1台当りの生産量

　　ⓑ有効需要 ⟶ 生産量

　　　⟹稼働する機械台数

　　　⇨ 必要な労働者数

---

(2) 不況の底入れ

○企業の(13)＿＿＿＿＿＿＿＿＿＿＿＿＿＿＿＿＿がより多くの産業で進展する

　　　　ⓐ賃金、利子率が低水準にある

　　　　ⓑ市場が落ち着き見通し良好になる

　　⟹　ⓐ設備投資が増大する

　　　　ⓑ雇用が拡大する

　　　⇨ (14)＿＿＿＿＿＿＿＿＿＿＿＿＿＿＿＿＿が再び到来する

▽不況期に増大した失業者が次の好況期に雇用されていく

　　　⇨ 市場経済という(15)＿＿＿＿＿＿＿＿＿＿＿＿＿＿＿＿＿

【 2つの恐慌論 】

▽恐慌の原因による区別

(1)商品過剰論

①(16)_____説（⇔ 消費制限説）

供給＞需要 ⇒ 生産過剰

⇨ マクロ経済的政策

……所得再分配政策、経済安定化政策

②(17)_____説

第Ⅰ部門の生産拡大速度 ＞ 第Ⅱ部門の生産拡大速度

⇒ 産業部門間の不均衡

⇨ 産業構造の計画化 ……安定的な経済成長

(2)資本過剰論

①(18)_____説

c/v ⇧ ⇒ 利潤率⇩

⇨ 「潤率の傾向的低下の法則」

……超歴史的な事象

②(19)_____説

賃金（一次産品価格）⇧ ⇒ 利潤率⇩

……労働力商品化の本来的な無理

⇨ 経済システムの転換

【 伊藤誠説 】

○部分的な生産過剰や部門間不均衡は不断に発生する

……特定の局面で恐慌が勃発することを説明できない

▽不均衡説的商品過剰論、過少消費説的商品過剰論を、労賃上昇説的資本過剰論による恐慌や不況の契機や結果として位置づけ直す

……(20)_____

第19講　長期波動論

１．長期波動

(1) 産業構造の重厚長大化
○19世紀末～20世紀初頭に資本主義世界経済は構造的に変化する
　　重[化学]工業が(1)＿＿＿＿＿＿＿＿＿＿＿＿＿＿＿になる
　　　　⟶ 巨大な固定設備を有する産業の比重が増大する
　　　　　　⟹ 10年周期の(2)＿＿＿＿＿＿＿＿＿＿＿＿＿＿＿
　　　　　　　　(a)恐慌の激発性・全面性がなくなる
　　　　　　　　(b)好・不況の波の振幅が縮小する
　　　　　　⇨ 19世紀の自由化傾向が反転した
○重[化学]工業
　(a)巨大な固定設備：固定資本の償却・更新には長期を要する
　(b)巨大な生産能力：生産量が膨大である
　　　　ⓐ生産物の過剰が好況期に早々と発生し、不況期に持ち越される
　　　　ⓑ好況期に建設が開始された固定設備が不況期に完成する
　　　　　　⟹　(3)＿＿＿＿＿＿＿＿＿＿＿＿＿＿＿＿＿＿＿が持続する
　　　　　　　　…… 生産物の過剰の深刻化
　　　　　　　　　　「過剰資本の整理」の困難
　　　　　　⇨ 経済の構造的再編が長期化する
○巨大な企業[集団]は自社の収益性の改善のために独占的に行動する
　(a)独占的な価格設定、生産量・供給先制限
　(b)他の企業（中小企業）を支配・締め出し、大量の失業者の排出
　　　　……不況圧力を中小企業や労働者に転化する
　　　　⟹　経済全体の不均衡や有効需要不足が拡大し持続する
　　　　　　⇨ (4)＿＿＿＿＿＿＿＿＿＿＿＿＿＿＿＿

(2) 長期波動論

 <好況期 → 恐慌 → 不況期＞ ⇒ ＜　　＞ ⇒ ……

 （景気上昇期 → 転換点 → 景気下降期）

    ⇔ (5)＿＿＿＿＿＿＿＿＿＿＿＿＿＿＿

○ポイント

 (6)＿＿＿＿＿＿＿＿＿＿＿＿＿＿＿＿＿＿＿＿

  その契機

   (a)戦争・革命などの政治的大事件

   (b)新たな市場の開拓

   (c)大きな金鉱の発見

    ⇔ 契機の多様さ　……理論的に一般化できない

        ⇨ 発展段階論で取り扱う

○時期区分

 18世紀末～19世紀初め：産業革命

 1820年代～60年代：イギリス綿工業

 1870年代～1890年代：長期不況

       ⇔ (7)＿＿＿＿＿＿＿＿＿＿＿＿＿＿

 ～第1次世界大戦：重化学工業

   固定設備の巨大化

    ……産業構造の(8)＿＿＿＿＿＿＿＿＿＿＿＿＿

 大戦間期：長期不況

 ～1960年代：耐久消費財産業

   大量生産・大量消費

    ……石油多消費型の産業構造

 1970年代～今日：長期不況 ⇔ 「現代の大不況」

   ME技術によるOA化・FA化の進展

   ⟹ 産業構造の(9)＿＿＿＿＿＿＿＿＿＿＿＿＿

2．世界資本主義の歴史的発展

(1) メルクマール

　①(10)_____はどこか？
　　　世界の政治・経済を主導する国
　②(11)_____はなにか？
　　　経済発展を牽引する産業
　③支配的な(12)_____はどのようなものか？
　　　基軸産業にみられる成長のありかた

(2) 世界経済の発展段階

　①15世紀末～18世紀半ば：(13)_____段階
　②18世紀末～19世紀半ば：(14)_____段階
　③19世紀末～20世紀半ば：(15)_____段階
　④20世紀末～21世紀初め：「現代」
　　　……第二次世界大戦後／1970年代以降

3．景気変動論の意義

(1)「大不況」の意味

　○(16)_____
　　　技術革新の展開による基軸産業の交替

【 現代の大不況へのアプローチ 】
　◇情報関連産業（ICT産業）は基軸産業たりうるか？
　▽成長の原動力　……雇用創出力、他産業への影響力の広さ
　◇まだ確立していないから？／世界的規模でみると状況は異なる？

---

(2) 資本主義経済に対して景気循環が持つ意味

①資本主義経済は景気循環を通じて成長する

　　その運動は(17)_____を描く

②不況期におけるリストラ（構造的再編）には2つの側面がある

　　ⓐ技術革新

　　　景気の落ち込み（不況）が(18)_____の効果を持つ

　　ⓑ首切り

　　　失業者が次の好況期の(19)_____

　　を保証する

　　⟹ 市場経済がシステムとして存続できる

　　　　　⇧ 経済システムの固有の論理(*)

▽ⓐがⓑを(20)_____

【 技術革新の2つのタイプ 】

　(1) 資本集約的＝労働節約的な技術革新

　(2) 労働集約的＝資本節約的な技術革新

▽技術の性質による経済モデルのちがい

【 経済システムの論理 】

▽「人間が生きる」という観点からみるとどうなのか？

　　……社会の存続と経済システムの存続とは異なる次元の問題

岡田　和彦（おかだ・かずひこ）

1956年、広島県生まれ。
京都大学経済学部をへて、1996年、東京大学大学院経済学研究科修了。経済学博士（東京大学）。
現在、高崎経済大学経済学部教授。
K.マルクスの『資本論』に触発されて研究生活を開始し、学生時代に宇野弘蔵の三段階論に衝撃を受け、後に伊藤誠の経済学に決定的な影響を受ける。
専門分野はロシア経済論、経済システム論。
著書に『レーニンの市場と計画の理論』時潮社、1996年、などがある。

資本主義経済の理論

2011年3月25日　第1版第1刷　　　　　　　　　　定価1300円＋税

著　者　岡　田　和　彦 ©
発行人　相　良　景　行
発行所　㈲　時　潮　社

〒174-0063　東京都板橋区前野町4-62-15
電　話　03-5915-9046
ＦＡＸ　03-5970-4030
郵便振替　00190-7-741179　時潮社
ＵＲＬ　http://www.jichosha.jp
E-mail　kikaku@jichosha.jp
印刷・相良整版印刷　製本・武蔵製本

乱丁本・落丁本はお取り替えします。